未讀 | 生活家

北海道漫步

Hokkaido Walk

骆仪——主编

上海文化出版社

图书在版编目（CIP）数据

北海道漫步 / 骆仪主编. -- 上海 : 上海文化出版社, 2020.3
ISBN 978-7-5535-1807-7

Ⅰ. ①北… Ⅱ. ①骆… Ⅲ. ①旅游指南－北海道 Ⅳ. ①K931.39

中国版本图书馆CIP数据核字（2019）第234203号

出 版 人　姜逸青
选题策划　联合天际
责任编辑　王建敏
特约编辑　张雅洁
封面设计　Domino
美术编辑　程　阁

书　　名　北海道漫步
主　　编　骆仪
出　　版　上海世纪出版集团 上海文化出版社
地　　址　上海市绍兴路7号 200020
发　　行　未读（天津）文化传媒有限公司
印　　刷　北京东方宝隆印刷有限公司
开　　本　787×1092　1/16
印　　张　10.5
版　　次　2020年3月第1版　2020年3月第1次印刷
书　　号　ISBN 978-7-5535-1807-7/I.710
定　　价　78.00元

关注未读好书

未读 CLUB
会员服务平台

本书若有质量问题，请与本公司图书销售中心联系调换
电话：(010) 52435752

目录

春

东藻琴芝樱公园

夏

富良野花田

秋

知床五湖秋色　许阳摄

冬

网走流冰　许阳摄

[卷首语]

北海道，季节限定的馈赠

撰文 ◎ 骆仪

说起北海道，许多人首先想到的是浪漫——小樽的“情书”，富良野的绚烂花田。

不，北海道最动人的，不是只有情侣才能体会到的浪漫，而是每个人，无论是独行者还是情侣、亲子游家庭都会为之感叹的自然纯净之美。

正如绝大多数人到访京都，只会去清水寺、伏见稻荷大社、金阁寺等大热景点打卡一样，绝大多数人到访北海道，也只会去札幌、小樽、函馆、洞爷湖和富良野。日本人爱北海道是因为长篇电视剧《北国之恋》，富良野从宁静的乡村变成了北海道最热门的旅游目的地之一，花季一房难求。在富良野住了40年的名编剧仓本聪曾懊恼地说反话：“《北国之恋》是我最大的失败。”电影《非诚勿扰》上映之后，来北海道的中国人也越来越多，阿寒湖的“四姐妹”居酒屋中坐满了中国游客。

好在占日本陆地面积近四分之一的北海道大地，还有太多人少景美的去处。离开已知的热门景点，奔向未知的处女地，一路向东，一路向北，你将抵达日本的天涯海角。

广袤田野上，一直开到天边的笔直公路；蔚蓝无波的大海，孤悬海岬的灯塔；地平线上无限延伸的纯白雪被，偶尔出现的寒木枯枝。离闹市霓虹很远，离自然和动物很近。人很渺小，天地很大。从钢筋水泥森林来到这里的都市人，会一下子被幸运和奢侈的心情包围——如此美好壮阔的世界在这一瞬间为我所独有。滑雪、徒步、骑行、划艇，热爱户外运动的人自然热爱北海道，休闲慵懒者也可以尽情享受，坐拥湖光山色，浸入蒸汽氤氲的温泉，随后饱餐海鲜和甜品，让身心都得到治愈。

北海道四季分明，她的美也是季节限定的。春天的吉野樱和芝樱、夏天的薰衣草和向日葵、秋天的红叶和彩林、冬天的雪景和冰雕，自不待言。季节对了，也不等于必定能遇上。最难忘的相遇，都是时间限定、地点限定、天气限定和运气限定的。

夏天才能在积丹和稚内吃到新鲜海胆；冬天，从俄罗斯来的流冰，孕育出甜美的帝王蟹；8月和9月可能会在知床半岛偶遇抹香鲸和棕熊；海水退潮时，海边的濑石温泉才会显现；然别湖的湖水冻上了，人们开始打造全球唯一的冰上温泉；雾凇必须在-10℃以下的晴天、有暖湿水蒸气时才能形成；蒸汽小火车SL冬之湿原号只在每年2月的特定日期运行。

在气温零下的寒风中等日出，等丹顶鹤飞过林梢，等蒸汽火车在雪中驶来，等流冰号驶进距离大海最近的车站，等朝阳把云海染成粉色。不经意间，虾夷鹿从森林深处跑出来；面向雪林吃早餐时，松鼠从你面前轻盈地跳过，留下一串小脚印。也可能，期望落空。云层太厚，看不到日出朝霞；去早了几天，樱花还没开；晚了几天，流冰已融化。

这些不可捉摸的美，不是博物馆里的常设展览，不是城市里永远矗立的建筑，没有人向你承诺100%能看到。在北海道旅行，有点累，需要提前花费大量时间和精力规划行程，到最后能否一切得偿所愿，却还得看老天爷的心情。正是这种不确定，让你在终于遇见的时候激动不已，哪怕只有短短几个小时甚至一瞬间，你都会一辈子记得。你还会记得舌尖味蕾的惊艳，蟹腿刺身的清甜、海胆的柔滑、生巧克力在嘴里慢慢融化的感觉，还有从居酒屋出来时，店员递来给你焐手的暖宝宝。你开始感激运气的眷顾、感激大自然对这片土地和海域的馈赠、感激北国人民的真挚热情，明白幸福不是理所当然、恒久常在的。

反正，除了购买纪念品，旅行从来就不能拥有什么实质性的东西，人生也一样。去北海道，去遇见未知的、不确定的美，让短暂的幸福记忆温暖往后的时光。你准备好了吗？

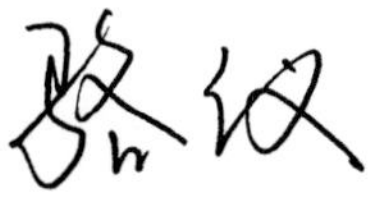

SNAPSHOT
速览

五棱郭樱花 司北摄

[01]

数说北海道

撰文 ◎ **陈思吟**

土地广袤、物产丰富的北海道，有多项数据位列日本全国第一。

22% 的日本陆地面积

No.1

北海道是日本47个都道府县中面积最大的，约8.35万平方千米，约占日本陆地面积的22%。如果与中国某一个城市相比较的话，北海道的面积与重庆市相当。

牛乳

53% 的牛奶产自北海道

北海道是日本最大的乳制品产地，日本农林水产省的数据显示，2016年，日本53%的牛奶产自北海道。北海道是日本最大的农业产区，乳畜业更是占据了北海道农业份额的36%。因此去北海道旅行，每天最幸福的烦恼或许就是纠结今天喝什么牛奶好、吃什么布丁好。

36% 的便利店是塞科玛特（Seicomart）

セイコーマート

在北海道，最常见的便利店不是“7-11”，也不是罗森、全家，而是塞科玛特。截至2019年6月，塞科玛特在北海道的便利店数量已达1090家，多于日本便利店老大“7-11”的1011家，市场占有率达36.2%。塞科玛特最大的特色莫过于店内制作的便当，如果你去了北海道，一定不要错过塞科玛特。

鉄道

50% 的铁道维持困难

大约50年前，北海道的铁路里程约为4000千米，但由于人口不断减少，北海道的铁路里程已缩减至2535.9千米。2016年7月，JR北海道公布了“独自维持困难路线”，这些路线的总里程达到了1237.2千米，接近目前行驶区间的50%。按照日本法律规定，若每千米铁路每天平均输送的人数不满4000人，便可废线改为公交。因此，要珍惜现在乘坐火车游玩北海道的机会啊！

牛

人口密度仅为东京的1/94

2018年10月的日本国势调查（人口普查）显示，北海道人口位居日本全国第8位，但这片广袤北国大地上的人口密度仅为每平方千米67人。日本全国每平方千米338人的人口密度是北海道的5倍，而东京每平方千米6310人的人口密度更是北海道的94倍。36%的北海道人口集中在札幌。在北海道的一些地区，牛甚至比人还多。

最低温 -41℃

極寒

北海道是日本唯一属亚寒带气候的地区。1902年1月25日，旭川观测到了日本气象史上的最低温-41℃。不过近年来，北海道内陆地区夏日气温颇高，与人们印象中的凉爽北国相去甚远。2019年5月26日，网走地区的佐吕间町气温达到39.5℃，北海道的最大温度差达到了80.5℃，为日本之最。

年降雪量10.38米

スノー

在本州岛满山红叶的10月中下旬，北海道的许多地方已经飘起初雪，全年降雪天数也是全国第一。日本气象厅的数据显示，2018年[1]札幌降雪131天，降雪天数是日本全国平均值的4倍多（北京的年均降雪天数仅为10天左右）。在全球人口超过100万人的城市中，只有札幌的年降雪量接近5米，2018年为4.65米。但札幌在北海道还算“少雪”的，位于新雪谷地区的俱知安町在2018年的降雪量达10.38米，有3层楼那么高。

暖桌炉保有率倒数第1

こたつ

你肯定以为北海道拥有最多的“过冬神器”暖桌炉吧。但根据TBS电视台的调查，北海道人暖桌炉的保有率竟然是日本倒数第一，就连冲绳人拥有暖桌炉的比例也高于北海道。北海道人把门做成两层厚，把窗做成四层厚，不间断地使用暖气，这样远比使用暖桌炉节电，而且也更温暖。在冬天，北海道普通家庭每月的电费约为6.3万日元（约合人民币4000元），而夏天的电费只有3500日元（约合人民币222元）。

长达29.2千米的直线道路

直線道路

在日本，没有比北海道更适合体验公路风情的地方了。日本最长的直线道路就是位于美呗市与泷川市新町间的国道12号，长29.2千米。而北海道最有名的直线道路则位于知床斜里，全长18千米。从斜里驶往国道334号时，笔直的公路直通天际线，两侧则是广袤质朴的北海道田园风光。

阿伊努族仅有16786人

アイヌ

阿伊努族是生活在日本北方地区的少数民族原住民，其中大部分生活在北海道。北海道曾在2013年进行过阿伊努族生活实态调查，调查显示，生活在北海道的阿伊努族人口为16786人，不足北海道总人口的0.31%。阿伊努文化深刻地影响着北海道，富良野、稚内、网走等地名均由阿伊努语变化而来，哪怕对日本其他地方的人而言，北海道的地名也是非常难发音的。

1. 指寒候年数据，即2017年8月1日至2018年7月31日间的数据。

[02]

吉祥物并不都是卡哇伊的

撰文 ◎ **陈思吟**　插画 ◎ **淑明**

北海道的吉祥物总给人一种一言难尽的感觉，因为它们的画风有点儿……

夕张——蜜瓜熊

与日本常见的可爱吉祥物不同，这个头顶蜜瓜的蜜瓜熊外貌凶残无比，曾吓哭多名小朋友。然而，蜜瓜熊是北海道所有吉祥物中知名度最高的，曾荣获2013年“当地吉祥物总选举”第7名。关于蜜瓜熊的诞生还有个小故事：夕张以美味的蜜瓜闻名，有一年，棕熊闯进了夕张蜜瓜田，瓜农受损严重，这成为当时的大新闻。若狭翁齐因此设计了一只凶神恶煞的蜜瓜熊，“也有不可爱的吉祥物，但它却有吸引人的魅力”。

札幌——时钟GUY

位于札幌市内的时计台，与高知县的播磨屋桥、长崎县的荷兰坂一起，被戏称为“日本三大失望名胜”。不少游客去之前以为能在时计台眺望札幌的自然美景，却没想到时计台只是一座位于札幌市中心、让人忍不住想吐槽的“有点普通”的红顶白墙小洋房。游客对于时计台的吐槽和怨念逐渐汇聚成了妖怪“时钟GUY”，它的口头禅就是“我们是名物，我们非常愤怒”。事实上，时钟GUY的人设是出没于札幌市内，报道只有当地人才知道的旅游景点的妖怪记者，尽管长相凶残，神出鬼没的它却获得了游客“长得有些恶心却很可爱”的评价。

小樽——僵尸熊

北海道有不少与可爱完全不沾边的吉祥物，充满浪漫气息的小樽就有一只打破人们幻想的可怕吉祥物“僵尸熊”。日本网友戏称，北海道的这些外貌凶暴的吉祥物大概是经受了极北严寒的试炼才出现的。浑身打满破破烂烂补丁的僵尸熊走在小樽街头，但它既是路痴又容易被骗，目标是每天传染一些喜欢它与小樽的人。2016年，日本人气动画《魔法使光之美少女！》中出现了10只吉祥物熊，僵尸熊也与名气更大的熊本熊在动画片中完成了变身。

函馆——GO太君

除了夜景与坡道，函馆最有名的景点莫过于五棱郭。日本人常说“花为樱花、人则武士”，幕府末期新选组副长土方岁三在五棱郭战死，这座每到春天就被樱花包围的五角星形城堡也因此多了一丝凄美之感。在城堡旁的五棱郭塔上能够俯瞰五棱郭全景，“GO太君”则正是塔身拟人化的吉祥物。原本只是五棱郭塔吉祥物的GO太君现在经常以函馆代言人的身份与其他北海道吉祥物一起宣传家乡，它也结交了不少高塔朋友，如东京塔、京都塔、大阪通天阁等。

北斗——寿司北极贝

这是一只为庆祝北海道新干线开通而诞生的吉祥物。北斗盛产北极贝与大米，两大元素也自然出现在了“寿司北极贝”身上。它是自称“什么都不懂，也不知在想些什么，但会突然趴在地上”的生物。尽管长得令人害怕，这只不明生物却受到了当地市民的欢迎，进行吉祥物投票时，“寿司北极贝”获得了近9000张投票，而北斗市的人口还不足5万人。与软萌可爱的吉祥物画风大相径庭的“寿司北极贝”意外地在日本打开了知名度，也因为它，这座邻近函馆的小城受到了前所未有的关注。

旭川——旭ppy

“旭ppy”就是一只正统的可爱吉祥物了，它名字的意思倒也简单，就是“给旭川带去欢乐”。我们能在旭ppy身上找到许多旭川元素：通体的白色象征着宏伟的大雪山；肚子上的旭桥则是能够看到壮美夕阳的名胜；当它张开双臂时，黄色的须状物体是旭川最有名的美食——旭川拉面。日本知名饮料品牌“十六茶”曾经邀请演员新垣结衣与全国各地的吉祥物拍摄广告，旭ppy也成功入选。

上富良野——laven猪

上富良野以薰衣草与猪肉料理闻名，当地的吉祥物“laven猪”是一只不肯透露体重、永远17岁的“猪小姐”。她穿着紫色的裙子，帽子上插着一株薰衣草，周身散发着薰衣草香。不过laven猪似乎不满足于只当上富良野的宣传大使，她从小到大的梦想就是成为偶像。身为一只猪的laven还有一个尴尬的特技：品尝猪肉后，她能立刻知道猪肉的原产地。

阿寒湖——球里梦

阿寒湖湖底生长着一种可爱的绿色生物绿球藻marimo，当地纪念品商店里大多会销售小小的绿球藻，游客也能乘坐游船造访绿球藻展示观察中心，观察已经好几百岁的绿球藻爷爷。阿寒湖附近还居住着阿伊努族人，在那里，你能够欣赏到传统的阿伊努族舞蹈。当地吉祥物“球里梦”，就是一只穿着原住民阿伊努族服装的绿色生物，因为生性害羞，它平时大多隐藏在阿寒湖里，或许你会在游湖时与球里梦擦肩而过。

别海——别海渔夫君

别海是日本鲜奶产量最多的地方，明治、森永、雪印等日本知名食品企业都在别海设立了工厂。不过，别海的吉祥物“别海渔夫君”身为一头牛，职业却是渔夫，甚至还像以前的渔夫一样头扎圆点花布头巾、脚穿防水高筒靴。事实上，它成为当地吉祥物也有理有据。别海除了盛产乳制品，也是鲑鱼、扇贝、北海条纹虾的知名产地。因为当地的美食实在太多，所以别海渔夫君也就长得胖乎乎的了。

网走——nipone

据传，在网走的洞穴里曾生活着为害乡里的怪物，被勇士消灭多年后再次出现。于是网走人选出了守护网走的吉祥物nipone，它酷似阿伊努族的传统玩具nipopo。每年冬天，被称为“流冰天使”的罕见浮游生物裸海蝶也会随流冰来到网走，流冰天使的透明翅膀变成了nipone的披风，能让它像超人一样飞行，保护网走人的安全。

稚内——出汁之介

稚内是日本最北端的城市，因为被鄂霍次克海与日本海包围，稚内的海产尤为丰富。在稚内拔海港能够看到来北海道过冬的野生海豹，因此稚内的吉祥物“出汁之介”也神似海豹。它自称吃货，因吃多了稚内产的海鞘、毛蟹、长枪乌贼，长得圆滚滚的。至于“出汁之介”的脚，则是它最爱的美味利尻昆布变成的。

[03]

光影中的北海道

撰文 ◎ **蜜多狸**

北海道拥有多样的自然景观，或荒凉或浪漫，可契合不同类型的影视作品。踏上北国的列车，寻找独属于北海道的影像记忆吧。

○ 北海道三部曲

《北国之恋》

1981—2002 年电视剧

导演：富永卓二 / 杉田成道 / 山田良明

编剧：仓本聪

主演：田中邦卫 / 中岛朋子 / 吉冈秀隆

《温柔时刻》

2005 年电视剧

导演：田岛大辅 / 宫本理江子 / 西浦正记

编剧：仓本聪 / 吉田纪子 等

主演：寺尾聪 / 二宫和也 / 长泽雅美

《风之庭院》

2008 年电视剧

导演：宫本理江子

编剧：仓本聪

主演：中井贵一 / 黑木明纱

取景地：新富良野王子饭店风之花园、森时计咖啡厅、森林精灵露台、富良野麓乡之森

要想感受北海道风景的治愈力，名编剧仓本聪的“北海道三部曲”是不可错过的佳作。《北国之恋》《温柔时刻》《风之庭院》三部电视剧，主题都离不开成长与家庭。发生在家人之间的故事看似平淡却最能引发共鸣，一家人互相扶持、努力生活的故事抚慰着所有观众的心。仓本聪将他对富良野的热爱融入剧情，富良野则将无边的美丽回馈给所有人。

富良野游客中心有取景地图，剧中的咖啡厅、花园和资料馆等都有详细的路线介绍。《温柔时刻》中的森时计咖啡厅成了一间真正的咖啡厅。《风之庭院》中的漂亮花草和有趣的押花工艺都可以在新富良野王子饭店内的英式花园里找到，你也一定不会错过剧中的点睛之笔——在风中摇曳的蓝色风铃草。

《网走番外地》

《情书》

《铁道员》

《网走番外地》
1965 年电影

导演 / 编剧：石井辉男　主演：高仓健
取景地：北浜车站、网走监狱

与近年来浪漫清新的电影不同，《网走番外地》将观众带回蛮荒的北海道，黑白胶片令环境更显冷峻。北海道似乎只有一望无际的茫茫雪野，是囚犯们逃脱不掉的白色梦魇。电影的意外走红也奠定了高仓健的巨星地位。在网走的北浜车站，或许还能找到一点电影的痕迹。若想要了解网走的更多历史，你一定要去网走监狱博物馆（见第80页）。

《情书》
1995 年电影

导演 / 编剧：岩井俊二　主演：中山美穗 / 柏原崇
取景地：天狗山滑雪场、旧坂别邸、旧寿原邸、旧日本邮船小樽支店、小樽运河工艺馆、手宫公园

岩井俊二的电影是日本电影中纯净的珍珠，总是带着内敛的宁静与青春的怅惘。原本寄往天国倾诉哀思的信，却收到了落款同名同姓的回信，两个藤井树之间沉默却纯真的爱情故事被导演娓娓道来，成为一代人难忘的经典，小樽的皑皑白雪也成为电影中最无瑕的背景。

漫步小樽，似乎踏上了藤井树走过的路，在这里，你也许也会情不自禁地向天空，向某个记忆中的人呼喊："你好吗？我很好。"

《铁道员》
1999 年电影

导演：降旗康男　编剧：岩间芳树 / 浅田次郎　主演：高仓健 / 广末凉子
取景地：JR 根室本线几寅站

在日本，停驶的列车与废弃的车站早已不再新奇，废弃的小站依然保留着昔日的记忆。《铁道员》就讲述了幌舞站站长佐藤乙松（高仓健饰）在岗位上奉献一生的温情故事。他每天独自剪票，用小旗指挥列车进站、出站，清扫车站。由于坚守岗位，他甚至错过了与家人的最后一面。孤独的坚守总是令人动容。如果你想寻找最真诚、最质朴的感动，就去小站看一看吧。

《非诚勿扰》

《花水木》

《蜂蜜与四叶草》

《银之匙》

《非诚勿扰》
2008 年电影

导演 / 编剧：冯小刚　主演：葛优 / 舒淇
取景地： 阿寒湖温泉、阿寒鹤雅别墅鄙之座酒店、能取岬、斜里教会

或许许多中国人对北海道的热情始于此片。尽管电影口碑不一，但无论如何，《非诚勿扰》已成为北海道风光的最佳宣传片之一，邬桑动情吟唱的老歌《知床旅情》也随之传播开来。

你可以尝试驱车自驾，前往影片中的小教堂，或是在饱览阿寒湖的风景后，前往四姐妹酒馆喝到尽兴。舒淇饰演的梁笑笑在夏季纵身跃入大海，你可以反其道而行之，在隆冬时分乘坐网走的破冰船深入鄂霍次克海，感受大自然别样的力量。

《花水木》
2010 年电影

导演：土井裕泰　编剧：吉田纪子　主演：新垣结衣 / 生田斗真 / 向井理
取景地： 钏路湿原、畦地岬、汤沸岬灯塔、钏路市币舞桥、恋问海岸

电影的灵感来自日本歌坛才女一青窈的名曲《花水木》。纱枝（新垣结衣饰）为了大城市的梦想，告别青梅竹马的恋人康平（生田斗真饰），离开家乡钏路去东京求学，之后又辗转纽约与加拿大，电影也在四地取景。

虽然影片的后半段情节并不尽如人意，但前半段堪称绝美的“纯爱”，二十来岁的新垣结衣和生田斗真扮演清纯的高中生轻而易举，辽阔淳朴的钏路湿原也比东京、纽约等五光十色的大都市迷人，从秋天到春天的风景都令人沉醉。

《蜂蜜与四叶草》
2005 年动画

原著作者：羽海野千花　动画导演：笠井贤一
取景地： 稚内市宗谷岬

豆瓣评分 9.3 分的动画佳作《蜂蜜与四叶草》是关于青春的故事。作品围绕几名热爱艺术的少男少女的日常展开，讲述了他们成长中的难题：如何实现自己的价值，如何处理人与人之间的感情与关系。年轻人看此片会有强烈的代入感，会思考自己人生中的选择。

剧中男主角竹本在失恋后踏上寻找自我之旅，从东京骑行至北海道稚内的宗谷岬，抵达日本最北端（见第 58 页）。被这段故事感动的影迷也踏上了“动漫圣地巡礼”之旅，前往陆地尽头，寻找自己的青春记忆。

《银之匙》
2013 年动画

原著作者：荒川弘　动画导演：伊藤智彦 / 出合小都美
取景地： 带广神社、带广农业高校、带广竞马场、带广市绿丘公园

豆瓣评分 9.2 分的动画《银之匙》被列入日本励志动漫 TOP 10，是一部非常真挚快乐的乡村物语。看完此片，你一定会对北海道的乡野属性有更深入的理解。东京少年八轩勇吾转学到北海道大虾夷农业高等学校（高中）后，发现这里的青春与东京完全不同，除了梦想与汗水，竟还有一丝泥土的芳香！种田、畜牧、挤奶、赛马……在忙碌的农业技能学习中，勇吾明白了生命的意义，心头的迷惘也渐渐消散。

本片原著作者是日本著名漫画家荒川弘，她出生在以土豆、牛奶和猪肉闻名的带广，也把自己少年时代的农场经历融入了作品。《银之匙》的漫画还在连载，真人版电影已于 2014 年上映。

[04]

那些属于北海道的旋律

撰文 ◎ dato

北海道是那种即使一个人旅行也不会感到孤独的地方，因为这里除了绚烂的阳光，还有悠扬的乐曲。

○ 广阔风景—— **DREAMS COME TRUE**

日本国民乐团DREAMS COME TRUE的女主唱吉田美和来自北海道，其浑厚的嗓音、强大的唱功与细腻的歌词使得乐团广受欢迎。在北海道旅行时，最适合听乐团的精选专辑《DREAMS COME TRUE精选集：我的美梦成真》，这是2015年日本第三畅销的专辑。那些耳熟能详的昔日金曲，透过吉田美和的动人歌声，将北方大地的壮阔山水和人间美景安稳地放进听众耳中。

○ 夏日微风—— **星野源**

惬意的民谣如同休息日里最迷人的风景。星野源的声线温润而朴实，佐以吉他拨弦渲染出的美好气氛，《EPISODE》就像北海道夏日的微风一样，不疾不徐，令人体会到身心的舒畅与安稳。

○ 自在悠闲—— **金子隆博**

写意的曲风，清新的日常风景，金子隆博的《面包和汤和猫咪好天气》的电视原声带带有一点乌托邦氛围，轻快的旋律就像为自在悠闲的北海道日常配乐，陪伴我们散步，陪伴我们吃早餐，让我们就像主角一般，在远方的生活里找到想象中最好的姿态。

○ 旧日时光—— **松任谷由实**

松任谷由实（昵称Yuming）独具一格的唱腔与创作无比醉人，每每听到，都能令人想起旧日时光的灿烂轮廓。旅途中适合来点怀旧的旋律，《和由实的日本之恋》这张精选集中的每首歌都能映照出好天气与好心情。

○ 元气饱满—— **LUCKY OLD SUN**

每次听LUCKY OLD SUN的歌都觉得身心畅快。在这张同名专辑中，和谐的男女合唱加上轻快的节拍，元气饱满的曲风就像在旅途中揽来阳光与云朵，一首接着一首，边听边跟着摇头晃脑，为眼前的景色增添动人色彩。

[05]

阅读北海道

撰文 ◎ **蜜多狸、骆仪**

北海道是影视及小说创作的宝地，但在目前的中文版图书中，关于北海道旅行和风物的优秀非虚构作品却不多见。

○ 北海道版《我们与恶的距离》

《冰点》

作者：三浦绫子
出版社：北京十月文艺出版社
出版时间：2012 年 12 月
定价：39.50 元

《冰点》是畅销500万册、三度被搬上银幕、九次被改编为电视剧的不朽名作。医院院长启造的妻子夏枝与情人幽会时，三岁女儿惨遭杀害。出于报复心理，启造暗中领养了凶手的幼女，取名阳子。一切斗争与隔阂就此开始。三浦生动地刻画了不同主人公的心理：丈夫对妻子的猜忌、养母对养女的折磨、兄妹间暗涌的感情……作品探讨的不仅是人性之恶，更是人类自身背负的原罪。

三浦的作品多以北海道为背景，她于1997年荣获“北海道开发功劳奖”。1999年三浦病逝后，其故乡旭川设立了三浦绫子纪念文学馆。

○ 青春版《失乐园》

《魂断阿寒》

作者：渡边淳一
出版社：上海译文出版社
出版时间：2011 年 7 月
定价：32 元

以《失乐园》成名的渡边淳一出生于北海道，后在札幌求学，他写过不少以故乡为背景的小说。在《魂断阿寒》中，十八岁的天才少女画家纯子在失踪四个月后，被发现于阿寒湖畔自杀。在冰雪中，她美丽的容颜一如生前。二十年后，纯子高中时代的恋人、已成为著名作家的田边回到家乡，开始调查纯子的死亡真相，他走访了与纯子关系密切的五个男人和纯子的姐姐，还原了纯子的过去。这个故事不仅描写了一个妙龄少女的死亡，更延续了渡边作品一贯的爱情主题，可被称为青春版《失乐园》。

○ 黑白光影的北海道

《Hokkaido》

作者：森山大道
出版社：Hysteric Glamour 出版社
出版时间：2008 年
定价：19048 日元（未含税）

全球限量发行1500本，290mm × 370mm的超大开本，640页的厚度，如果你想象中的北海道是浪漫甜美的，该书将颠覆你的认识。森山大道用凌厉的镜头语言，将北海道的沧桑与清澈、粗砺与梦幻罗织起来，形成触目惊心的美，而在其中，他的反叛风格也得以彰显。

1978年初夏，四十岁的森山大道厌倦了东京的生活，逃到北海道，在札幌租了一间公寓。由于深受明治初期田本研造等北方摄影师拍摄的一批开拓北海道作品的启发，他在北海道各町游走，拍下了大量黑白照片。这批胶卷沉睡多年，直至该摄影集出版前从未公开过。

○ 经典旅行指南

《孤独星球 IN 系列：北海道》

作者：澳大利亚 Lonely Planet 公司
出版社：中国地图出版社
出版时间：2016 年 7 月
定价：62 元

与所有“孤独星球”的旅行指南书一样，本书信息均由作者实地调研得来。不同的是，它由几位中国作者撰写而成，也就比其他翻译自外文原版的指南书更符合中国人的旅行习惯和趣味。

全书分为道央和道南、道东和道北几大部分，详细介绍北海道的景点、活动、美食和住宿等，还有行程计划、当地人推荐、步行游览、生存指南等特色章节，非常实用。其中关于相对偏远的道东和道北的旅行信息，在目前简体中文版书籍中尤为难得。

ON FIELD
在路上
自然 | 人文 | 美食 | 玩乐 | 购物

丰顷町大津海岸的“珠宝冰”奇观。每年 1 月至 2 月，十胜川的冰块随河水流入太平洋，又被海浪冲上岸，形成海岸线上一串熠熠生辉的“珠宝”

自然 [01]

丹顶鹤在此栖息、舞蹈，不再迁徙

撰文、摄影[1] ◎ **骆仪**　　采访翻译 ◎ **单元皓、蜜多狸**

在钏路湿原，一度濒临灭绝的丹顶鹤经过数十年的呵护，已成为数量稳定增长的留鸟族群。

造物主真是偏心

丹顶鹤这种
有着修长脖子、
纤细长腿且
纤尘不染的生灵

没有谁不被
它的美所打动

如果你热爱自然和动物，这辈子，请你至少要进行一次野外动物观赏，这跟去动物园或水族馆是完全不一样的体验。你可能要忍受严寒、酷暑、急流、大浪，可能需要长久的等待，也可能耗费了许多时间和金钱却空手而归。正是这种不确定性会让你明白，是我们去动物的世界里偶遇它们，我们要迁就它们的生活习性和出没规律；正是这种不确定性，让你在终于遇见的时候激动不已。大自然里几分钟的遇见所带给你的震撼和感动、在你心底留下的印记，可能远胜过动物园或水族馆里的几个小时。于是，在严冬二月，我经过几次中转，来到了北海道腹地只有2000多人的鹤居村，想要遇见丹顶鹤。

雪溪栖鹤

凌晨，月亮高悬在深蓝的天空中，天边没有一丝光亮。在音羽桥上，已经有一二十个人架起脚架，大家呵着寒气，静静等待。

天色一点点亮起来。因为有火山地热，河水没有结冰，映照着朝霞的微光，两岸树叶落尽的森林一片深褐色，衬托得沙洲上的积雪更白了，雪里川这个名字真是恰当。就在极远处的沙洲上，隐约能看到一些白点在动，那就是我们翘首以待的丹顶鹤了。

把镜头拉到最长焦段，对准极远处的沙洲按下快门，再把照片放大数倍，才能看到它们白色的身体、黑色的脖子和飞羽以及细长的双腿。它们站在清浅的河水中梳洗、整理羽毛、舒展肢体，以轻盈的舞蹈迎接朝阳。恰如杜牧所写："清音迎晓月，愁思立寒蒲。丹顶西施颊，霜毛四皓须。"跟-12℃的气温和积雪覆盖的森林、平原相比，零摄氏度的河水更暖，丹顶鹤每晚都会飞来这里过夜。"今年太暖了，"我入住的民宿的老板娘说，"如果气温降到-20℃，就会有更多的丹顶鹤来过夜。"到那时，岸边的树木和芦苇会形成雾凇，丹顶鹤在水中漫步，犹如仙境。

此刻，丹顶鹤离我们太远，如果不借助长焦镜头和望远镜，肉眼几乎看不见。

※ **注释**

1. 如无特别注明，本书图片系由撰文者、采访者拍摄或获得授权。

2.《拉姆萨尔湿地公约》： 有关水禽生息地的国际条约。

丹顶鹤在晨雾中起飞　盐博文摄

但这里已经是我们能到达的最近距离。没有人试图穿过森林，走上沙洲近距离拍摄。

那是什么？一道起伏的白线，一群丹顶鹤起飞了！它们掠过树梢，在淡粉色的天空中飞向远方。快门咔嚓、咔嚓，依然没有人说话，但我已经被兴奋的气氛包围。这就是我们在等待的瞬间。继续等待，直到下一群丹顶鹤起飞，从我们上方的天空掠过。丹顶鹤飞翔的时候，从嘴到脖子、身体、双脚都成一条直线，翅膀上下挥舞，细长的飞羽一根根散开，清晰可见。从前看日本漆器上的丹顶鹤莳绘，我曾以为那一根根羽毛是夸张的艺术笔法，没想到是真实的刻画。

从候鸟到留鸟

丹顶鹤是候鸟，主要分布在西伯利亚远东和中国东北地区，秋天南下迁徙到朝鲜半岛和中国华东地区。历史上，北海道也曾是丹顶鹤的栖息地，它们会南下本州越冬。丹顶鹤体形高大，是鸟类中的顶级猎食者，少有天敌。北海道的阿伊努人把生活在钏路湿原的丹顶鹤称为“湿地之神”。然而到了19世纪后半叶，随着人类的滥捕滥杀以及对其栖息地的开发，北海道地区的丹顶鹤数量锐减，具有候鸟习性的种群灭绝，仅残存零星留鸟。

鹤居村这里的丹顶鹤是怎么来的呢？这要从鹤居村一位名叫伊藤良孝的农民说起。伊藤良孝本是一名养殖奶牛的农民，1966年的一天，他在自家奶牛场里发现了丹顶鹤，就给它们提供饲料，于是，来觅食的丹顶鹤越来越多，冬天也不离开，成为留鸟。伊藤良孝被当地政府任命为丹顶鹤饲养员，这一做就是28年，其间他还担任了19年的丹顶鹤观察员，并为丹顶鹤的研究者和志愿者提供顾问咨询。在他81年的岁月中，有半生都在为保护丹顶鹤尽心尽力。

其他地区的丹顶鹤依然保留着迁徙习性，唯独北海道的丹顶鹤成为留鸟。如今，全北海道有29个喂食点，人们会在11月到次年3月间每天喂食，固定在每个喂食点觅食的丹顶鹤数量为100至300只，70%以上的丹顶鹤栖息在钏路。这里有固定的食物来源，且丹顶鹤喜欢在湿地和河边筑巢、在河川里捕食小鱼或水生昆虫。而面积达183平方千米的钏路湿原正是日本最大的湿地，也是日本第一个在《拉姆萨尔湿地公约》[2]上登记的湿地，1987年被指定为钏路湿原国立公园。1950年，北海道的丹顶鹤只剩下33只，而到了2017年春天，北海道丹顶鹤的数量已经达到了1850只。其中鹤居村是最知名的观察点之一。

[丹顶鹤知多少]

丹顶鹤为世界自然保护联盟（IUCN）濒危物种，全球数量仅约3050只，其中中国约580只。虽然北海道的丹顶鹤数量有所增长，但未能改变整个物种数量减少的趋势。丹顶鹤的繁殖速度很慢，每年仅产一次卵，一般是两颗蛋，但往往只有一颗能够存活。

体重	7—8千克
翼展	2.2—2.5米
身高	约1.5米
身长	1—1.5米
寿命	30—40岁
性成熟	3—4岁
新生儿体重	150克

谈谈情，跳跳舞

早饭后，我前往以伊藤名字命名的丹顶鹤保护所。这里有一块面积不大的农场，每天上午9点及下午2点，保护所的工作人员原田修会推着小车撒玉米粒，丹顶鹤集体飞来吃早餐和午餐。在隆冬季节，最多时能有近300只。我们也得以近距离观察丹顶鹤的一举一动，倾听它们的引吭高歌。

造物主真是偏心，丹顶鹤这种有着修长脖子、纤细长腿且纤尘不染的生灵，无人不被它的美所打动，它们头顶上的一抹红更是萧瑟冬天里的亮丽色彩。吃食时，它们也不争不抢，依然迈着长腿漫步。吃完了，就散散步、唱唱歌、谈谈情、跳跳舞。丹顶鹤爱跳舞，全年都能看到它们翩翩起舞。2月正是丹顶鹤的求偶季，丹顶鹤两两相对，跳起动人的“双人舞”，迈开舞步前还往往先对天鸣叫两声，引起同伴注意。跳舞的不一定是情侣或夫妻，也可能处在“暧昧期”或只是好朋友。不过丹顶鹤奉行忠贞的一夫一妻制，一旦求偶成功，它们就会一直生活在一起，携手孕育下一代。鹤群中混着几只褐毛的，那是还未成年的小家伙。还有一些丹顶鹤，脚上套了有编号的“戒指”，保护所会据此记录并追踪丹顶鹤的生长情况。

下午，我到菊池农场等待丹顶鹤在晚霞中飞翔的画面，但它们没有出现。

丹顶鹤的一年

10月至11月　合鸣

丹顶鹤从繁殖地来到禁猎区，大多数待在禁猎区附近割完的草场和玉米田里。11月，飞往喂食场的丹顶鹤越来越多。它们在日出时一起鸣叫，一起被染成红色，那是令人感动的画面。

12月至次年1月　集合

12月下旬到次年1月初，聚集在一起的丹顶鹤数量最多，甚至能达到300只以上。如果天气太冷，它们飞到喂食场的时间会变晚。夕阳西下，群鹤归巢的景象颇为壮观。

2月　鹤舞

在这段时间里，每天都有约100只丹顶鹤聚集。2月中旬，它们跳起求爱之舞，这种舞被称为鹤舞，非常美丽，其中可见鹤夫妇的羁绊之深。

3月　别子

除了求爱舞，你还能看到老鹤驱赶子女的景象。天气暖和起来后，丹顶鹤会分批离开鹤居村，返回湿地中的繁殖地。它们会在空中高高盘旋。

4月起　交配产子

丹顶鹤分散在北海道东部的湿地里，有约20对丹顶鹤在鹤居村内毗邻牧场的湿地繁殖，还有一些雏鸟和未到繁育年龄的幼鸟，游客可以观赏到它们在草场中安然度夏的姿态。

丹顶鹤飞翔时，细长的飞羽根根清晰可见

丹顶鹤跳“双人舞”

音羽桥上观雪溪日出

原田修抱着与真鹤等大等重的毛绒模型

原田修给丹顶鹤喂食玉米粒

虽然每日喂食，还是希望你们离开我去远方

原田修，57岁，千叶县人，迄今已在鹤居·伊藤丹顶鹤保护所工作了15年，此前曾在日本多地从事鸟类调查和保护工作。除了给丹顶鹤喂食，他还致力于保护丹顶鹤的自然采食地及繁殖环境，同时统计各项数据、进行相关的科普工作等。

J MOOK：喂食使丹顶鹤从候鸟变成留鸟，改变了它们的习性，保护所将来会继续以这样的频率和数量喂食，还是会逐渐减少，使丹顶鹤回归完全野生呢？

原田修：通过喂食防止丹顶鹤的灭绝只是眼下一时的手段，今后必然会调整策略，使丹顶鹤逐渐减少对喂食的依赖。国家下发的饲料数量逐渐减少，以前每年会下拨约7吨，现在不到4吨。我们每年减少一成饲料，2018年，平均每只丹顶鹤每天吃184克玉米粒，比2014年减少了40%。

饲料是不够的，但如果增加饲料吸引过多的丹顶鹤前来，也会带来一些弊端，如对当地农作物造成危害。所以我们也在探寻，到底将此地的丹顶鹤数量维持在怎样的水平，才更适合人与丹顶鹤共生。

从国家的角度来看，使丹顶鹤恢复以往的自然生活习性——在北海道生息、前往本州越冬，在大范围内自然分布——才是最终的目标。

J MOOK：饲料减少后，丹顶鹤自行觅食的能力有明显提升吗？会发生丹顶鹤闹着要加餐的情况吗？

原田修：以我的观察，丹顶鹤对喂食的依赖程度逐渐加深。2017年3月以来，每次喂养员刚转身准备离开，丹顶鹤就已经聚集过来进食了，在这里吃饱后也不会再去寻觅其他的食物。为了减轻丹顶鹤对饲料的依赖，我们一方面会积极地为它们准备自然采食场，另一方面也会密切观察它们的行为，如果它们转而侵害附近的农田，我们就会立即考虑相应的对策。

J MOOK：保护所的运作资金从哪里来？政府提供资助吗？

原田修：我们为筹集运营经费设立了“鹤居·伊藤丹顶鹤保护所运营基金”，会员需要连续5年每年向保护所捐赠5万日元作为会费。目前保护所有约9000万日元的储备基金，我们也会从民众那里收到数百万甚至上千万日元的捐助及遗产捐赠。此外，我们还有出售商品的收益等，日本野生鸟类协会也会援助一部分费用。国家给予的援助包括下拨饲料、提供喂养员的人工费及基础调查费用，共约70万日元。除此以外，我们不接受政府的任何补助金。这是为了避免当与政府立场相左时，我们不能坚守自己的观念保护自然。

丹顶鹤对天鸣叫

Q&A

J MOOK： 每年约有多少名观光客来喂养场参观或拍摄？不同国家的观光客，如日本人、中国人、欧美人，对丹顶鹤的兴趣和拍摄习惯有区别吗？

原田修： 每年会有2万至3万名观光客。中国大陆观光者以旅行团为主，中国台湾的大多是亲友组团观光，从韩国来的有很多是专业摄影师，欧美游客则主要是两三人一起前来摄影。部分中国游客在摄影以及其他方面都很没礼貌，如大声吵闹、向丹顶鹤投掷物品、肆意接近丹顶鹤等，给我留下了以自我为中心、为所欲为的印象。

J MOOK： 这份工作让您感到最有意义或者最享受的地方是什么呢？

原田修： 能生活在丰饶的自然环境中，为大自然的代表野鸟与当地居民的共生贡献出自己的力量，还能让更多的人了解野生动物的魅力及它们的重要性。

[TIPS]

做个文明的观鹤人！

1. 在划定的区域内观察或拍摄，不要跨越栅栏。
2. 遵守当地交通规则，不要把车停在停车场以外的地方。
3. 不要向丹顶鹤投掷东西或喂食。
4. 不要乱扔垃圾。
5. 在观察及摄影过程中要保持安静。
6. 不要使用闪光灯。
7. 在丹顶鹤进入戒备状态（表现为在进食或梳理羽毛时突然停下动作并抬头注视前方）或逃离后不要继续靠近。

观鹤

季节： 虽然在其他季节也有机会在湿地偶遇丹顶鹤，但因为喂食的缘故，冬天在喂食点看到丹顶鹤的机会最大。在雪地的单纯背景上，也更能拍出画面干净、突出丹顶鹤“仙气”的照片。
路线： Taito酒店和民宿Heart and Tree提供观鹤一日游，路线为日出前音羽桥—早餐后伊藤保护所—日落前菊池农场。如果行程紧张，可以搭乘巴士前往鹤见台观察、喂食。
装备： 拍摄丹顶鹤建议配备400mm或以上的长焦镜头及三脚架。在低温环境下电池耗电快，建议准备多块电池替换。
科普： 在鹤居·伊藤丹顶鹤保护所可以获取许多关于丹顶鹤的有趣知识，如聆听丹顶鹤的鸣叫录音或抱起一个跟丹顶鹤等大等重的毛绒模型，切身感受丹顶鹤的分量，还能选购相关纪念品。

鹤居·伊藤丹顶鹤保护所

地址： 〒085-1205 北海道阿寒郡鹤居村字中雪里南
电话： 0154-64-2620
开放时间： 10月至次年3月9:00—16:30，每周二、周三及12月26日至30日休息
门票： 免费
网址： park15.wakwak.com/~tancho

旭山动物园：认识自然的玄关

撰文 ◎ **桃酥、日苏**

这座日本最北的动物园以“展现动物习性”为理念，是日本最受欢迎的动物园之一。

[TIPS]

地址：〒078-8205 北海道旭川市东旭川町仓沼
电话：0166-36-1104
门票：820 日元（初中生及以下免费）
开放时间：4 月 27 日至 10 月 15 日 9:30—17:15（最晚入园时间为 16:00），8 月 10 日至 8 月 16 日 9:30—21:00（最晚入园时间为 20:00），10 月 16 日至 11 月 3 日 9:30—16:30（最晚入园时间为 16:00），11 月 11 日至次年 4 月 7 日 10:30—15:30（最晚入园时间为 15:00），12 月 30 日至次年 1 月 1 日休息。每年开放日略有变动，请以官网为准
参观时间：3—4 个小时
温馨提示：记得在入园时拍下喂食时间表并据此安排行程。北极熊喂食人气最高，建议提前至少 15 分钟前往
网址：www.city.asahikawa.hokkaido.jp
推荐行程：旭川动物园距离市区较远，交通费时，如行程紧张，推荐参加“北海道一日游：旭川动物园等众多景点（札幌出发）”，扫码在 KLOOK 微信小程序预订，输入《北海道漫步》读者专享折扣码“BHDMB01”即享 9 折优惠

自从大象娜娜突然倒在园里后，园长坂东元在每天查看完为黑猩猩打造的新家后，都要去探望一下娜娜。那是一间宽敞的水泥饲养房，娜娜就安静地横躺在稻草穗上，眼睛偶尔一眨，安详又脆弱。因为倒在室外，坂东和饲养员甚至动用了重型机器，花了两天时间才把重达两吨的娜娜移到室内。

“在需要面对这么大型的动物时，人类显得无能为力。”一向果决坚毅的坂东看着娜娜时显得有些焦虑，没能查出病因，观察下来的结果却是一天比一天糟糕，他知道娜娜的时间已经不多了。如果娜娜死了，它的讣告第二天要出现在园内的公示板上。为动物发讣告已经成为旭山动物园的传统：直面死亡的无力，才能让人感受生之美好。

从 1997 年改建重开之后，如何传递生命成为旭山动物园最重要的课题。

地处偏远却人气超高

位于北海道小城旭川市的旭山动物园是独特的。除了身为日本最北端的动物园，旭山动物园以生命为原点所开创的“动物行为展示”理念也颇具先锋性，它意味着人们能清晰地看到动物在自然状态下的天性和生活习性。作为日本第一座以此理念进行场馆打造和日常运营的动物园，这里拥有 33 个根据动物不同习性建造的场馆，共有 124 种动物在此栖息成长。

2018 年，旭山动物园的参观人数达 137 万人，位居日本全国第四。排名前三的东京上野动物园、名古屋东山动植物园和大阪动物园无一例外身处知名大都市，或拥有超高人气的珍稀动物（如大熊猫），或有深厚的资历和较高的知名度，或有强大的创意运营团队。而旭山动物园，不仅在位置、资历、规模上都无法企及，甚至也没有值得大书特写的珍奇物种。

那是什么让旭山动物园获得了如此高的人气呢？

海豹游泳

活泼好动的动物

北海道冬季严寒，每当积雪达到一定厚度时，旭山动物园的企鹅就会出门散步，这吸引了大批游客慕名而来。以王企鹅为首的企鹅们被从“宿舍”里放出来，在管理员的引导下，成群结队，大摇大摆地一路向前。在冰天雪地里，在野外生活的企鹅会跟同伴一起到海边捕鱼，但在动物园里，它们只能终年待在企鹅馆内。旭山动物园的这个创举，一来缓解了企鹅在冬季运动量不足的问题，二来借北海道的气候条件，顺应企鹅习性的同时，也让大众近距离地感受到了企鹅的生命形态。这跟训练动物表演取悦人类有本质上的区别。

企鹅馆的设计也有巧思。企鹅馆分为室外饲养场和水池两个部分，坂东造了一条隧道通向水池底部，游客能360度全方位地观察企鹅游来游去的生动模样。抬头看，在阳光下透蓝的海水中，企鹅不停地挥动翅膀，像极了在天空中翱翔的小鸟，令人惊叹。企鹅为什么属于鸟纲？这就是旭山动物园给出的生动解答。

在网络上，旭山动物园最受欢迎的场馆之一就是海豹馆。海豹喜水，它们在水中自在游泳的姿态更是充满了灵动的美，但很多人不知道这一点，只记得海豹在海洋馆表演场上的乖巧模样。利用海豹好奇心强的特点，坂东和他的团队在海豹馆的水池里建造了两个透明的垂直水槽，分别为长方体和圆柱体，两者在底部连通形成环线。这么奇怪的构造，海豹怎么能不去看看？原来可以游下去穿上来，太好玩了！游客同样可以通过隧道到达水槽旁，近距离观察海豹水平和垂直游动的灵动姿态。而模拟北海道渔港海滩的室外饲养场和水池中的大石头则会让游客发现，海豹虽是浪里白条，在陆地上却笨拙得很。

你可能见过一些动物园里动物垂头丧气、没精打采的样子。旭山动物园的面积不大（14万平方米），里面的动物却很好动。“猩猩舍”是一个高达17米、远远高出周围场馆的露天攀爬乐园，梯子和绳索纵横交错，仿佛林中的树木枝丫，在这里，猩猩的攀爬天性得以释放。梯架刻意造得不太稳当，这反而能促使猩猩锻炼握力。类似的还有“黑猩猩之森”的天桥、小熊猫舍的吊桥、猴子山的空中吊盘和圆管等设施。

旭山动物园的不少场馆都有奇特的构造，如上文提到的企鹅馆的隧道、海豹馆的水槽等，它们能在顺应动物天性的前提下，带给游客新奇的视角和体验。黑猩猩之森的天桥是透明的，能让游客观察黑猩猩的大脚掌。而在北极熊馆，游客可以通过隧道抵达一个半圆球状的透明天窗下，仰头一看，北极熊近在咫尺，正威风凛凛地俯视着你呢！天窗在人的头顶，对于北极熊而言却是地面。这种天窗正是模拟了海豹的视角——北极熊在冰面寻找海豹，海豹则躲在冰窟窿里。透过天窗，游客得以身临其境，体会海豹的处境和北极熊的猎食习性。如果能遇到北极熊扑向天窗，你就太幸运了！

抛弃落后的动物园理念

旭山动物园的命运转折点是在1997年。在那之前，旭山动物园就像日本大多数动物园一样，是时代造就的产物。东京的上野动物园是日本最早的动物园，起初向外国来客展示日本本土的野生动物，后来随着与海外交流的增多，那里陆续入驻了北极熊、长颈鹿等日本人从未见过的外来物种，一时引发轰动。在日本经济飞速发展的20世纪60年代至90年代，各个县、市政府纷纷出资兴建动物园，其中也包括建于1967年的旭山动物园。

然而，1994年，旭山动物园的黑猩猩因食用水问题染上了可能传染给人的寄生虫传染病，其他动物也接二连三地出现了相同问题，两年后，旭山动物园到了不得已闭园的境地。那一年恰好是坂东担任动物园兽医的第10年，他与其他工作人员开始思考，一个动物园的意义究竟是什么。

动物园发源于欧洲中世纪，南征北战的王公贵族把异域动物作为战利品带回本土饲养，供贵族赏玩，因此动物园最初被命名为“动物展览”。直到19世纪，以科学研究为导向的伦敦动物园建成，新的理念开始在欧美土地生长。但时至今日，动物园依旧没有真正进入大众教育领域，关于动物园为满足人类好奇心而扼杀动物天性的争议也一直存在。

“作为明治开化的舶来文化，日本动物园的出发点并不是生物多样性。日本人看到动物园里的动物和街角的宠物猫狗时都说好可爱，关注点只在个人情绪上。”坂东意识到，从上野动物园开始，日本动物园的出发点都是“人的满足”，这导致所有动物园为了营利及虚荣，纷纷争夺那些博人眼球的新奇物种。

坂东一直把动物园看作让人们认识自然的玄关。都市化进程的另一面，是人和土地、自然的割裂，从全球变暖到生物逐年灭绝，“珍惜”被写进教科书、被拍成纪录片、被很多人知道，但不能让所有人拥有切身的体验，而动物园就应该承担起这一部分责任。另外，动物园备受诟病的地方就在于把生于野外的动物变成了饲养物，人们总是站在自然的最高点俯视万物。造成争议的根本，在于动物园没有实现教育意义，也没有让人们真正地理解并珍视生命。

不要错过这些有趣的近距离观察

1. 企鹅的泳姿和站着睡觉的样子。
2. 海豹的垂直泳姿和流线型身材。
3. 北极熊游泳时，毛发在水中舒展的样子以及熊掌。
4. 黑猩猩的空中散步。
5. 河马游泳时脚趾间的蹼。
6. 老虎扑食时的凶猛样子。
7. 雪豹便于在雪上行走的大脚掌。
8. 长颈鹿用舌头吃东西的样子、走路同手同脚的样子。
9. 狼的叫声。

旭山动物园有什么特别之处？

1. **行为展示：**创造一个让动物释放天性的空间，从而让参观者看到它们自然生动的状态。
2. **进食讲解：**每天入园口的公示板上会发布各园区的投喂时间，工作人员会在投喂动物时向大家讲解动物的生活习性和特征。
3. **共生展示：**将一些动物——例如斑海豹和灰背鸥、水豚和黑掌蜘蛛猴、鸵鸟和河马等——放在同一区域里共同饲育，这样既还原了动物在野外的自然状态，也能让人们理解动物的相处之道（曾经有一只长颈鹿因为发现隔壁是河马而吓得一个月不敢出舍门）。
4. **手绘科普：**园内随处可见一些手绘的动物小知识，它们都是饲养员的亲身感受和经验。
5. **夜间开放：**在夏季进行为期一周的夜间开放，让观众了解动物在夜晚与白天的区别。
6. **动物周边：**园内设有7个主题餐厅和周边商品店，其中的许多料理和商品，都以园内的动物为原型进行设计和开发。

北极熊趴在海豹天窗上

猴子抱团取暖

雪鸮看起来总是笑眯眯的　骆仪摄

可爱的海豹

旭山动物园里的海豹装饰

企鹅散步

动物园并非
供人消遣的游乐场

它应该具有
严肃的教育意义

虾夷鹿泛滥了怎么办?

坂东以“展现动物习性”为出发点的提案最终获得通过，1997年，他被任命为旭山动物园改建的总设计师。“最大限度地尊重并鼓励动物习性，再以不打扰的方式呈现在观众眼前”，以此为宗旨，坂东和他的团队先后重建了给予鸟类最大翱翔空间的鸟之村，透过玻璃隧道可以近距离观察狮子、老虎的猛兽馆等一系列场馆，且每年会随着动物的生长和品类的增加，增设新的场域和设施。他还打造了儿童牧场，饲养兔子、山羊等性情温和的动物，让小朋友感受它们的体温、脾气等生命状态。

几年前，萌萌的海獭风靡日本，坂东常常在园内被年轻的家长问“海獭在哪里”，但旭山动物园里只有海豹。有一

次，坂东听到一位父亲对孩子说："这里没有海獭，我们下次去其他地方看吧。"实在气不过的坂东追上这位父亲，张口就问："您是觉得海豹哪里不行吗？"这位父亲被问得哑口无言。坂东说，流行是成年人的惯性，而孩子只是对万物抱有纯粹的好奇，这一点不应该被大人的世界观影响。小朋友到园中参观学习，最喜欢问的问题就是："最受欢迎的动物是什么？"坂东永远只有一个答案："没有最受欢迎的动物，它们都是一样的。"

并不是珍贵稀奇的动物才有展示价值。虾夷鹿和虾夷狼是北海道的野生动物，狼是鹿的天敌，二者在历史上一直维持着平衡。20世纪90年代末，随着北海道的开发，这里开始出现虾夷狼袭击家畜的现象，为了保护居民，虾夷狼被大量猎杀，没有了天敌制衡的虾夷鹿大量繁殖，啃食树皮、入侵耕地，知床就是重灾区。坂东将虾夷鹿引进旭山动物园，并在鹿园中开辟了一个小菜园，围上鹿无法逾越的栅栏，在播种和收获的季节招募小朋友来劳作。"虾夷鹿激增给人类的生活和自然环境造成了破坏，但这一切的根源都是人。人该怎么办？这是我把菜园放进鹿园的初衷，把矛盾摆出来，让大家思考。"

世界自然基金会的环境教育注册讲师吴哲浩认为，动物园并非供人消遣的游乐场，它应该具有严肃的教育意义。另外，动物园也并非泯灭动物天性的牢狱，它应该成为一个可以保护动物的地方。这两点，恰恰也是旭山动物园一直努力的方向。

文创品推荐

1. 饲养员阿部弘士原创的插画文件夹（共 10 款）/ 258 日元
2. 手绘动物水杯（北极熊和企鹅 2 款）/ 1240 日元
3. 可变为折纸的动物便签（共 5 款）/ 320 日元
4. 动物印章组 / 864 日元
5. 动物香蕉饼干 / 800 日元
6. 动物扭蛋 / 500 日元
7. 动物公仔（多款）

园长坂东元

不训练动物做才艺表演
而是不断地让它们发挥天性
用它们最真实的样子满足参观者的好奇心
我想这是旭山动物园受欢迎的原因

让动物自己支配生活 • Q&A

J MOOK： 动物园的价值在哪里？

坂东元： 日常生活让我们越来越难以对自然有切身的实感，看到野生动物并了解它们生活习性的机会也变得越来越少。在动物园里，人们可以看到那些和我们生活在同一个星球上的野生动物，换句话说，动物园是认识自然、思考自然的一扇窗。你可以把那些生活在动物园里的动物，看作代表它们在野外自然环境中的同类的形象大使。

J MOOK： 动物园在某种程度上违反了自然法则，但旭山动物园又非常受欢迎，园方如何平衡这种关系？

坂东元： 人类一直生活在忽视自然规则的环境里，如对自然资源的不节制利用。我觉得动物园在人类的发展进程中必然会出现，旭山动物园也是一个需要不断有参观者的存在。但这并不是说我们就要一味地满足参观者的好奇心，如何让这里的动物健康顺利地成长才是我们考虑的第一要素。不训练动物做才艺表演，而是不断地让它们发挥天性，用它们最真实的样子满足参观者的好奇心，我想这是旭山动物园受欢迎的原因。

J MOOK： 旭山动物园的饲养理念是什么？

坂东元： 我们会尽可能地让动物自己支配生活，这不是一个站在高处的管理立场，只是做着诸如防止疾病或意外发生这样最低限度的管理。

J MOOK： 人类对自然造成了破坏，动物园能做到怎样的保护？

坂东元： 动物园不会否认人类对自然的破坏，但可以真实地反映人类的生存发展究竟给自然环境带来了多大的负荷。我们也希望参观者可以思考这些意识到的东西，并在自己的生活中践行。

J MOOK： 理想中的动物园是什么样子的？

坂东元： 不管是麻雀还是乌鸦，都不加区分共同生活，人类和万物生灵都能和谐共存。

J MOOK： 旭山动物园最美的是哪个季节？

坂东元： 这里既有生活在热带的动物，也有生活在寒带的动物，实在难以抉择哪个季节更好，每个季节各有千秋。

企鹅游泳

虾夷梅花鹿打架

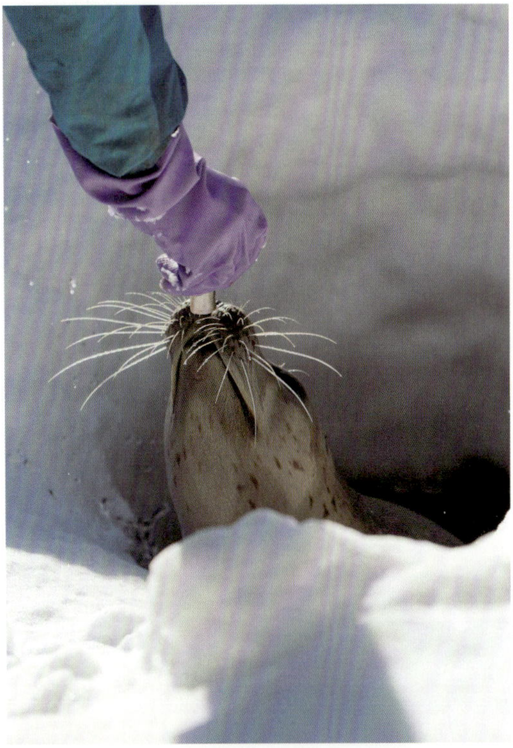

喂食海豹

动物饼干

动物公仔

北极狐在睡觉

与流冰邂逅的日子，只剩三十年

撰文 ◎ 骆仪　　资料翻译 ◎ 黄竞颖

流冰是北海道时间限定、地点限定、天气限定的自然奇观，却随着全球变暖而逐年减少。

知床半岛的罗臼，流冰已经接近岸边

[TIPS 1] 流冰漫步

安全提示

1. 流冰状况复杂，不建议自己前往。
2. 漫步时一定要跟着向导。
3. 黑冰面比白冰面危险，需要注意避开。
4. 在冰块较薄的地方可以手脚并用，减小压强。

SHINRA

时间： 每年 2 月、3 月提供流冰漫步体验，每日 4 次，体验时长约 1.5 个小时

费用： 6000 日元，含干式潜水服及向导（小学生以上可参加）

网址： www.shinra.or.jp

相传，北极冰神的爱女流冰天使南下游玩，南方的温暖使她乐不思蜀，直至双翅被海水融化，沉入海底沦为水妖。再也无法回家的水妖总在渔船经过时轻声吟唱，蛊惑渔夫投海与她做伴——在许多沿海地区都有水妖的传说，这是来自北海道原住民阿伊努族的版本。日本许多地方的雪景能与北海道媲美，唯独流冰是北海道独有的，世间罕见。我也是那被蛊惑的凡夫俗子，不远万里来到北海道，赴一场与流冰天使的约会。

流冰漫步：体验冰上超级玛丽

宇登吕

在我反应过来之前，脚下的冰突然破裂，我坠入了过胸深的冰冷海水。幸好全密封的干式潜水服提供了浮力和保护，让我不至于沉下去或被冻僵在冰水中。我抓住冰洞的边缘，努力爬了上来。望着远方的天际线，再回望岸边的来时路，我已经置身于茫茫冰原的中央，仿佛一只好奇又渺小的海豹。

一天之前，在斜里前往宇登吕的巴士上，我从沉睡中醒来，赫然看到窗外一片白茫茫的“海”。我看了看地图，没错，车正沿着海边行走，一块块凹凸不平的“奶油冰激凌”绵延到天边，完全看不到蓝色的海，这就是流冰？天气有点阴，流冰给我的第一印象并不惊艳，也不是想象中漂浮着的冰块，但我惊讶于它们的宽广、柔和。

每年冬天，全球纬度最低的流冰都会出现在北海道北部的海岸线上。在北海道东北角斜伸出来的知床半岛，恰好把从西北方向漂浮而来的流冰拦住，大大小小的冰块在岸边堆积，连接成一

流冰漫步

片冰海，冰海上又覆盖了皑皑积雪，冰块的尖硬棱角变得像奶油般柔软。

次日，我穿上干衣，跟着向导踏上流冰大陆。靠近岸边的这一片已经变成厚实的雪原，线条温柔起伏，仿佛刚下过一场雪媚娘[1]雨，这些雪媚娘也提醒着我，脚下不是冰封的湖面。走了好一会儿之后，雪原表面的积雪渐少，露出了冰面。向导指着脚下："黑色，危险；白色，安全。"冰下的窟窿和海水透过冰层呈现出灰黑色就说明冰层很薄，白色则说明冰层很厚。我跟着向导，小心翼翼地避开那些黑色的冰面。

当然，总会有猝不及防掉进冰窟窿的时候，这也是流冰漫步的必然体验。同行有一个略丰满的女生就没那么幸运了，我们安全经过的路径，她走着走着就"扑通"一声掉了下去，连掉几次之后不得不听从向导的建议，手脚并用着爬行，以减小身体在冰上的压强。

继续往外走，裸露的海水面积越来越大，独立漂浮的冰块越来越多。向导轻盈地踩着浮冰跳到对岸，我一脚迈过去，没踩到浮冰中央，冰块随之倾斜，我落水了！我有点沮丧没能学到向导的功夫，却又有种玩"实景超级玛丽"的感觉，摔了几次，终于成功连跳，安全着陆。

小浮冰做跳板，大浮冰则可做舟。向导率先跳到一块几平方米的扁平浮冰上，让我们挨个跳过去，两人、三人、四人，等等，"船"快沉了，向导跳到海里，叫最后一个人上"船"，他划着水推动"小船"到达对岸。流冰漫步的乐趣，远远超乎我的想象。

※ **注释**

1. 雪媚娘：日式地道点心。

流冰蔓延的鄂霍次克海

[TIPS 2]
流冰观光碎冰船
极光号（Aurora）

时间： 1月20日至4月3日每日运行，其中1月、3月每日4班，2月每日5班，4月每日2班。航行时间约1个小时。在没有流冰的日子改为能取岬的海上游览
票价： 成人3500日元，小学生1750日元
网址： ms-aurora.com/abashiri

破冰船：看遍冰的千百种形态

网走

在宇登吕以西70多千米处的网走岸边，只能看到薄得透明的浮冰，想看大面积的流冰，则要坐破冰船出海。

海风凛冽，但很多人都不愿待在船舱里，选择在甲板上翘首等待流冰的出现。随着轮船渐渐远离港口，海面上零星的冰块逐渐多了起来，随后出现了大片大片的冰面，轮船在咔嚓、咔嚓的破冰声中前进，薄冰的裂痕一点点被撕开、拉长，厚冰块被挤压，继而破裂、碰撞、倾覆。千百种形态的冰出现在我的眼前，薄如透明蝉翼的冰、薄如白脆饼的冰、半凝固的碎冰、棱角分明的大冰块，厚厚的广袤冰原，冰原中的小水塘……比宇登吕流冰漫步所见要丰富得多。

回望海岸，云隙光从网走城上空洒落，天空和浮云、深蓝海水和淡蓝浮冰都被夕阳染上微微的粉色，海鸟在低空逡巡翱翔，虎头海雕歇息在冰块上。此刻，落霞与孤鹜齐飞，冰雪共长天一色。

北海道天气无常，暴风雪导致交通工具停运的情况并不少见，破冰船能否出海也充满不确定性。每年冬天，用肉眼看到流冰出现在水平线上的第一天被称为“流冰初日”，通常在1月下旬出现，“流冰终日”则在4月上中旬。但即使在2月和3月前来，也不一定能坐上破冰船。流冰正与破冰船的名字“极光”一样，可遇而不可求，每一次遇见都是运气。

流冰物语号

[TIPS 3] 流冰物语号

运行时间： 每年2月2日至2月28日（每年的起止日期略有不同，请以JR官网为准）
运行区间： 网走—知床斜里，每日对开2趟
费用： 单程840日元，全车自由席，在车站窗口购票

流冰物语号：流冰、大海、铁轨和雪山

北滨车站

虽然我与流冰初次相遇就是在海边的车上，但总觉得火车与流冰大海的搭配更美。于是，我来到网走以东十几千米处的北滨车站，登上观景台，等待流冰物语号到来。

JR钏网本线从网走到斜里一段，几乎全程贴着海边行驶，从网走开出约15分钟后抵达北滨车站。北滨是个无人值守的小站，也是全日本离海最近的车站之一，历数日本最美火车站时总少不了它。早年间，高仓健的经典作品《网走番外地》曾在此取景，而它在电影《非诚勿扰》中亮相后，又为更多中国观众所知，可谓多年人气不减的“网红”车站，车站里的“停车站咖啡馆”也常年满座。

火车在蔚蓝大海边行驶的画面已足以令人惊叹，而到了冬天，积雪覆盖的铁轨与远处的流冰雪原之间夹着蔚蓝的海水，再远处是积雪皑皑、绵延起伏的知床连山，汽笛轰鸣，一辆蓝白双色的火车缓缓进站，这一幅景象世间罕见。

自1990年起运行的“流冰慢车号”深受列车迷的喜爱，因牵引列车的内燃机车老化，于2016年2月28日正式退役。此后，崭新的冬季限定观光列车“流冰物语号”登场。流冰物语号仅有两节车厢，分别是“鄂霍次克蓝”和“流冰白”，前者为蓝色基底，即鄂霍次克海、清澈蓝天和北方民族服饰中的蓝，同时以代表流冰的白色线条勾勒出毛百合和知床连山的图像；后者为纯白底色，以鄂霍次克蓝勾勒出流冰和流冰天使的图像。

流冰啤酒

三眺烧流冰杯

流冰啤酒

由网走啤酒厂生产的流冰啤酒是当地最独特的啤酒，呈现出如流冰般通透纯净的淡蓝色，它由鄂霍次克海的流冰融化制成，冰蓝色则来自海藻的天然色素。流冰啤酒的味道比一般啤酒还要淡，泡沫细腻，清爽好入口。

流冰啤酒在鄂霍次克流冰馆、流冰船码头的道之驿“流冰街道网走”、网走监狱博物馆等纪念品商店和当地多家餐厅均有售。

三眺烧

由网走刑务所（见第80页）犯人烧制而成的陶器，在蓝色杯体表面烧制出流冰般的白色裂纹，手工制作，每一个杯子的冰纹都独一无二。

三眺烧在道之驿“流冰街道网走”和“北之暖暖”度假村有售。

流冰的千里之旅

首先需要澄清的误解是，流冰不是北极漂来的冰山，而是来自黑龙江（在俄罗斯境内被称为“阿穆尔河”）的河水。在俄罗斯远东城市尼古拉耶夫斯克（中国的传统名称为“庙街”），来自黑龙江的大量淡水流入鄂霍次克海，并在这里遇到了西伯利亚吹来的冬季寒流，从而出现了结冰现象。

此外，鄂霍次克海被西伯利亚大陆、北海道、千岛群岛、堪察加半岛等不同地形的陆地围绕，经过千岛群岛之间的海峡与太平洋互通，同时在鞑靼海峡（在日本被称为“间宫海峡”）与日本海相连。鞑靼海峡狭长且浅，因而进出流水量不大。这些地理位置特征使得鄂霍次克海成为池塘一般的内海，更容易结冰。

全球海洋中有十分之一属于结冰海，其中北海道沿岸是北半球大海结冰的最南限。和网走处于同一纬度的冰岛和美洲的海洋都没有结冰。

在过去，鄂霍次克海的海流一直是个未解之谜，但近年来的勘测与调查终于揭开了这个谜团，携带流冰到达北海道东北部的主要动力是季风与萨哈林寒流。其中一支海流在秋冬季节产生，顺着萨哈林岛东岸南下，流向北海道。在萨哈林岛东侧北纬53度附近，海流的流量可达每秒700万平方米（相当于10个故宫大小）。这股强劲的海流如同海上高铁一般，一路将流冰运送到北海道。

以上就是北海道流冰形成的科学原理。而流冰最美的地方在于，即使道理你都懂，却不一定能遇上，来早了流冰可能还没到，来晚了可能流冰已消融，每年流冰抵达和离开的时间都不一样，你只能祈祷。发源自蒙古的黑龙江，流经黑龙江省和俄罗斯远东，注入大海，河水结冰形成流冰，又经过上千千米的海上旅程，来到北海道北岸的网走，跟从中国25℃的广州出发、经香港和东京辗转到达北海道的我相遇。想到这点，我对这次“运气限定”的旅行感到心满意足。

网走地方气象台约100年间的记录显示，平均气温上升导致流冰量减少。特别是从1989年前后开始，流冰量的减少尤为显著。平均气温上升4℃就会导致浮冰融化。1994年，气象局预测，50年后鄂霍次克海的平均温度将上升4℃。那么，2054年，也就是三十几年后，北海道将再也看不到流冰。

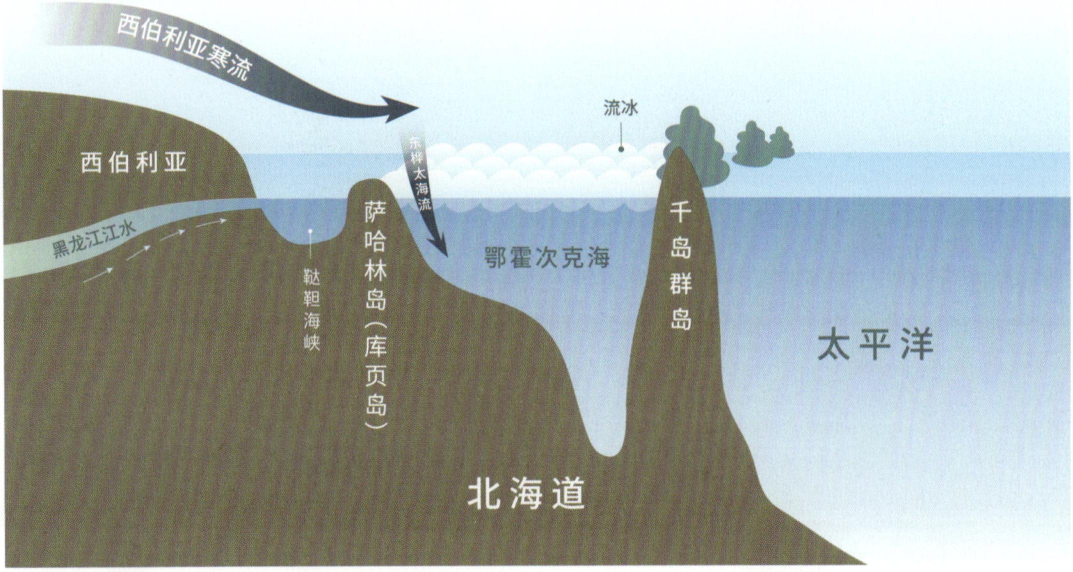

流冰形成示意图　Nath 制图

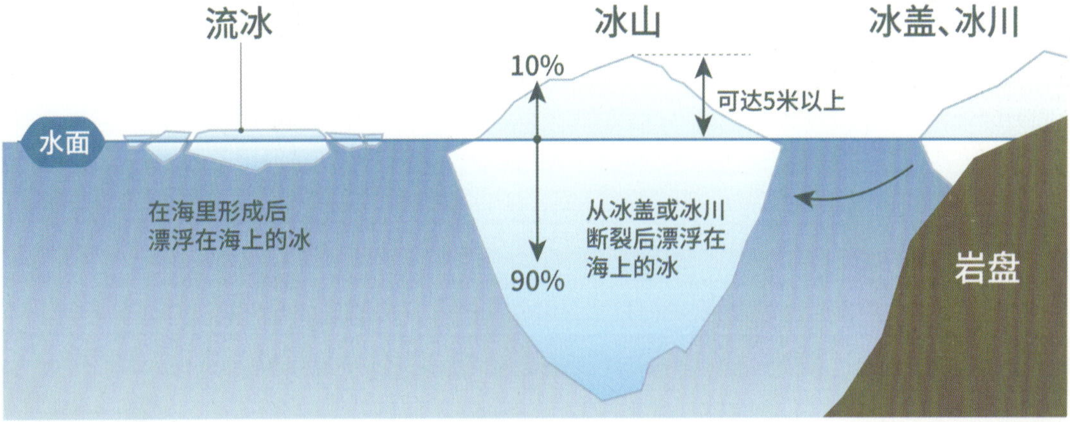

流冰 vs 冰山　Nath 制图

流冰季节，灰背鸥吃得很饱，完全不怕人

虎头海雕和灰背鸥都是流冰上的常客

流冰天使裸海蝶

虎头海雕

[TIPS] 鄂霍次克流冰馆

在这里，你可以通过丰富生动的展示，了解流冰形成的原因及鄂霍次克海里的生物，近距离观察水族箱里的流冰天使，还可以进入 -15℃的体验馆亲手触摸流冰。如果你没能搭乘破冰船出海看流冰，就来这里弥补遗憾吧。
此外，咖啡厅出售的流冰馆限定“流冰冰激凌”很受欢迎，奶油白的冰激凌上点缀着星辰般的蓝点。商店里更有品类多样的流冰纪念品，如流冰天使钥匙扣、流冰天使点心、流冰啤酒等。

地址： 〒093-0044 北海道网走市天都山 244 番地之 3
电话： 0152-43-5951
开放时间： 5 月至 10 月 8:30—18:00，11 月至次年 4 月 9:00—16:30，其中 12 月 29 日至次年 1 月 5 日 10:00—15:00（闭馆前 30 分钟停止入馆）
门票： 成人 750 日元，大学生 640 日元，中小学生 540 日元
网址： www.ryuhyokan.com

挥舞着翅膀的流冰天使

流冰的消失不仅会让游客失去一种自然奇观，也影响着依赖流冰生存的动物。雌海豹在流冰上分娩，哺育海豹幼仔2周左右，随即独自离开，回到北边的海域。此后，小海豹就要在冰上独立生活一段时间，学会躲避天敌虎鲸的追捕，掌握游泳和捕猎技能。浮冰的消融也就意味着海豹将失去新生命孕育和成长的场所，最终将导致海豹数量减少。

而鄂霍次克海中最著名的生物却渺小到肉眼几乎看不见，这种生物的名字就是本文开篇那则民间传说中的流冰天使裸海蝶。在流冰馆见到它真身的人，几乎都会立刻爱上这种体长仅1~3厘米的袖珍萌物。流冰天使的脑袋、内脏和尾鳍呈橘红色，身体的其他部位都是透明的，双鳍就像一对不断挥舞的翅膀，让人心都为之融化！流冰天使不是水母更不是鱼，而是生活在寒带的无壳浮游软体生物，它们是海鸟和鱼类的食物，在鄂霍次克海的生物链中担当着重要角色。一旦海水温度上升，喜爱冷水的天使是否还能继续歌唱飞舞呢？

此外，流冰还带来了寒冷水域的丰富营养，让北海道成为全日本最棒的海鲜产地之一，也造就了世界自然遗产知床半岛的独特自然生态。流冰一旦消失，北海道的损失必将是巨大的。

自然 [04]

富良野之夏，色彩之旅

撰文、摄影 ◎ **司北**

跟冬季的小樽一样，夏季的富良野花田几乎是北海道旅游的代名词。

[TIPS]

推荐时间： 7月中下旬
门票： 免费
网址： www.farm-tomita.co.jp
交通： 乘坐夏季限定的富良野 · 美瑛 Norokko号或富良野 · 美瑛号，在“薰衣草花田车站”下车。列车运营日期及时刻参见官网
推荐行程： 富良野美瑛地区的公共交通较为不便，暑期旺季住宿选择有限，如行程紧张，推荐参加从札幌出发的富良野美瑛一日游。扫码在 KLOOK 微信小程序预订，输入《北海道漫步》读者专享折扣码“BHDMB01”即可享9折优惠

富田农场

富良野位于北海道中部，距离札幌约两个小时车程。北国大地干燥凉爽的气候非常适合薰衣草的大片栽培。20世纪中叶，富田农场开始尝试种植作为香料原料的薰衣草。在1976年发行的日本国有铁道日历中，富田农场薰衣草的照片吸引了各地摄影师的目光，他们随之产出大量优秀作品，让富良野的田园风光声名鹊起，成为北海道旅游业的掌上明珠。

每年7月，富良野会迎来一年中最美的时节。富良野、上富良野、中富良野车站周边的公园和农场里开满了薰衣草。大量游客纷至沓来，在淡紫色的花田里留下美好的记忆。

富田农场是富良野最早开始种植薰衣草的农庄，也是最富人气的薰衣草景点。不同于普罗旺斯，富良野多是丘陵地形。起起伏伏的山丘让这里少了一份沃野千里的豪迈，多了一份婉约之美。爬上低矮的山丘，在紫色边界处，小小的房屋点缀在绿油油的田野上，十胜山岳起起伏伏，初夏的风景如油画一般。不知道印象派的大师若是有机会来到他们曾经因浮世绘作品而疯狂迷恋的日本，面对这样的风景，又会创作出怎样的传世名作。

虽说以薰衣草闻名，但富良野的彩色花田才是其最具代表性的景观。不同颜色的鲜花并排生长，7月时，紫色的薰衣草、白色的满天星、红色和橘色的罂粟、粉色的高雪轮同时盛开，形成一条条从山丘上缓缓铺下的彩带。这一幕风景带给人的感动，并不输于那片纯粹的紫色。

拼布之路

美瑛之所以美不胜收，在很大程度上是因为五颜六色的拼布之路。

去过美瑛的人，回到城市里都会怀念那里的风景。初夏的午后，推着自行车气

拼布之路

喘吁吁地登上一个小丘，视线所及，宽阔的田野里丘陵起伏，马铃薯、小麦和荞麦组成的农田如同一条条五颜六色的彩带随地形蜿蜒。间或有几棵孤独的树，成为画面里别样的点缀。再往远处，绵延的山峦一重一重，夏日的高云飘在山上。风景如画、秀色可餐，怎么形容都不过分。

因为栽种的作物不同，长条状的农田在同一个季节里会呈现出不同的色彩，像是大地上的拼图一般，拼布之路因此得名。而那些在路边孤独生长的树，成为许多广告的取材景。Ken&Mary之树、七星之树、亲子树都是游客必去的打卡点。

四季彩丘

虽名为“四季彩丘”，但这里最美的季节是6月至9月。在这段时间里，大地上除了绿油油的农作物和麦田，处处鲜花锦簇。郁金香、金鱼草、薰衣草、万寿菊、大波斯菊、鸡冠花、向日葵、大丽花、鲁冰花等几十种花卉按时节交替绽放，排出不同色彩的拼图。四季彩丘似乎融合了美瑛拼布之路和富良野花海的优势，在络绎不绝的游客面前展现万种风情。

白金青池

提到美瑛，脑海里首先出现的就是冬天的青池。2012年，苹果Mac OS系统把青池的照片作为壁纸之一，使其迅速成为网红景点。

1988年，十胜岳喷发后的堆积物存在成为泥石流的风险，当地未雨绸缪，修建了不少堤坝。美瑛川的水淹没了原本生长在这里的落叶松和白桦树，渐渐形成了今天人们看到的青池景观。

由于附近的泉水富含氢氧化铝胶体，青池中也布满了这种白色的微粒。当阳光照射到水面上时，由于胶体的散射，水面呈现出特殊的青蓝色。因为水淹而死的树木残留在池中，给青池增添了新的意境。

云霄飞车之路

美马牛车站附近有一条笔直的道路，因为起伏剧烈，行驶在上面犹如坐过山车一般刺激，被命名为“云霄飞车之路”。丘陵、田园、连绵的山岳，被赞誉为“上富良野八景”之一的西11线农道，吸引了不少摄影师前来取景。

北海道漫步路线

春季路线

北海道的樱花季节是 4 月底至 5 月初，正好跟中国的“五一”假期重合，还能顺便游日本东北名城、作家太宰治的故乡青森。

DAY 1 札幌

北海道厅旧本厅舍
Former Hokkaido Government Office Building
樱花品种多，映衬着西洋风格的建筑，别有风情。

寒地土木研究所
Civil Engineering Research Institute
春季限定开放，小桥流水樱花。这里是游客较少的赏樱秘境，且距离市区仅 10 分钟地铁行程，交通方便。

【备选景点】
二条市场 Nijo Market

DAY 2 札幌

北海道大学 Hokkaido University
历史建筑众多，自然风景优美，游客较少，适合拍摄校园樱花景。随后可前往有上千株樱花的北海道神宫。

莫埃来沼公园 Moerenuma Park
地势开阔，由著名设计师野口勇设计，有许多游乐设施，适合小朋友玩耍。

DAY 3 小樽—余市

小樽手宫公园 Otaru Teikoku Park
小樽最佳赏樱点，可以欣赏到小樽市景、粉嫩樱花和蔚蓝大海同框的美景。

NIKKA 威士忌余市蒸馏所
Nikka Whisky Yoichi Distillery
这里由“日本威士忌之父”竹鹤政孝选址建造而成，游客可以参观工厂和博物馆，免费品尝三种口味的威士忌并购买伴手礼。建议提前预约导览。蒸馏所附近的余市川也是有名的赏樱地。

DAY 4 函馆

五棱郭公园 Goryokaku Park
函馆的标志性赏樱景点。你可以登塔俯瞰全景、划船赏樱、夜游樱川，一整天都沉浸在樱花的世界里。

汤之川温泉 Yunokawa Onsen
“日本三大美人之汤”之一，历史悠久，交通方便，温泉旅馆的选择也很多。

DAY 5 函馆

函馆朝市
Hakodate Morning Market
位于函馆火车站旁，拥有超过 400 家海产摊位。

元町 & 港湾区
Motomachi & Minato Ward
包括各国教堂、领事馆、早期北海道政府机构办事处等多种欧风建筑。游客可前往港湾区的金森红砖仓库购买伴手礼，并品尝著名的小丑汉堡。

【备选景点】
函馆山 Mt. Hakodate

DAY 6 松前

松前城 Matsumae Castle
松前城拥有多达 250 个樱花品种及上万株樱花，被誉为“樱花之乡”，是大热的赏樱点。游客还能到松前神社求御朱印、到善光寺看血脉樱，体验丰富。

DAY 7 青森

睡魔之家
Nebuta Museum WA RASSE
青森睡魔祭为日本东北三大祭之一，睡魔之家介绍了睡魔祭的历史和制作技术等，并设有餐厅及贩卖睡魔祭周边商品的纪念品店。

观光物产馆 ASPAM
从青森站徒步 8 分钟即到，是一座以青森罗马拼写首字母“A”为造型设计的高达 15 层的物产馆。游客可以免费欣赏津轻三味线、购买传统工艺品和苹果派点心等手信。

青森县立美术馆
Aomori Museum of Art
这里收藏了寺山修司、奈良美智、毕加索、马蒂斯等艺术家的作品，由青木淳设计的纯白展馆本身也很有特色。

【备选景点】
古川市场（青森鱼菜中心）
Aomori Gyosai Center Honten

DAY 8 弘前

弘前公园 Hirosaki Park
公园内有日本东北地区仅存的古城弘前城以及 2600 多棵樱花，落满花瓣的樱花河和夜樱都是十分著名的风景，吸引了超过 200 万游客前来。

推荐行程

Day 1 新千岁机场—札幌
JR 40 分钟
Day 2 札幌
市内交通
DAY 3 札幌—小樽
JR 40 分钟
小樽—余市
大巴 30 分钟
余市—札幌
JR 1.5 小时
DAY 4 札幌—函馆
JR 4 小时
DAY 5 函馆
市内交通
DAY 6 函馆—松前—函馆
JR 1 小时＋巴士 1.5 小时 / 松前樱花号巴士直达 3 小时 20 分
DAY 7 函馆—青森
JR 2 小时 10 分
DAY 8 青森—弘前
JR 30 分钟
弘前—青森机场
JR 1 小时

【住宿提示】
“五一”也是日本黄金周，青森市区和弘前的住宿都十分紧张，切记尽早预订。

【交通提示】
比起原路返回札幌，从青森机场经东京等地转机回国更方便。另外，青森有望开通中国直航，值得关注。

夏季短线

花火大会、花海、夜景、温泉，北海道的夏季既热闹又凉快，还有甜品和水果相伴。

DAY 1 函馆

汤之川温泉 Yunokawa Onsen
北海道三大温泉之一，位于海边，8 月下旬还有烟花汇演。

DAY 2 函馆

函馆朝市
Hakodate Morning Market
在井饭横町市场享受奢华的海鲜井、蟹肉包、当季海胆和乌贼刺身等（仅营业至中午 12:00）。

元町 Motomachi
游览当年门户开放后建造的西洋建筑，在港丘街品尝冰激凌。日落后，教堂及旧函馆区公会堂、旧英国领事馆等建筑会开启灯光装饰。

港湾景区 Hakodate Port
游览购物美食中心金森红砖仓库。7 月中旬可观看函馆港花火大会。

【备选景点】
大沼国定公园
Onuma Quasi-National Park

DAY 3 札幌

北海道大学 Hokkaido University
参观拥有上百年历史的古河讲堂、收藏动物标本的综合博物馆等，享受校园里的绿意。随后可前往北海道神宫。

白色恋人公园 Shiroi Koibito Park
可观看巧克力及饼干的现场制作过程，夏季还有鲜花盛开的玫瑰花园。

藻岩山 Mt. Moiwa
日本新三大夜景之一，展望台上可 360 度全方位观赏夜景，游客还可与恋人一起敲响“幸运之钟”。

【推荐活动】
夏季欢乐节及啤酒节（7 月中旬至 8 月中旬）/札幌爵士乐节/太平洋国际教育音乐节/旭日摇滚音乐节

推荐行程

- Day 1 札幌—函馆
- JR 4 小时/东京直飞函馆
- Day 2 函馆
- 市内交通
- DAY 3 函馆—札幌
- JR 4 小时
- DAY 4 札幌—定山溪
- 大巴 50 分钟
- DAY 5 定山溪—札幌
- 大巴 50 分钟
- 札幌—富良野
- JR 3 小时
- DAY 6 富良野—中富良野
- JR 9 分钟
- 中富良野—上富良野
- JR 15 分钟
- 上富良野—美瑛
- JR 45 分钟
- DAY 7 美瑛—旭川
- JR 1 小时
- DAY 8 旭川—新千岁机场
- JR 2.5 小时

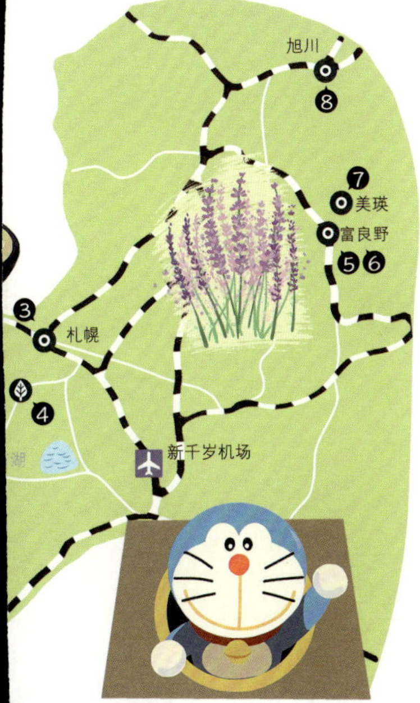

20 千米

DAY 4 定山溪

定山溪 Jozankei
可以在定山溪农场体验各种各样的季节限定摘果、骑马和钓鱼等活动，随后前往定山溪温泉街。

丰平峡水库 Hoheikyo Dam
在秋天是著名的赏枫景点，在夏天则很静谧，可以游览白线瀑、汤之瀑等景观。

DAY 5 富良野

葡萄酒工场 Furano Winery
日本葡萄酒品牌代表之一“富良野葡萄酒”的工场，可以参观葡萄酒的制作过程并试饮。

森林精灵阳台 Ninguru Terrace
由 15 栋木屋商店组成，贩卖与北海道自然相关的工艺品和点心等。其中森之时计咖啡屋是日剧《温柔时光》的取景地。

DAY 6 中富良野—上富良野

富田农场 Farm Tomita
可乘坐夏季限定的“富良野 · 美瑛 Norokko 号”在薰衣草花田站下车。随后继续搭乘 Norokko 号到中富良野站游览彩香之乡。

日之出薰衣草园
Hinode Lavender Garden
可在展望台将色彩缤纷的花田、街道以及连绵的十胜山脉尽收眼底。

后藤纯男美术馆
Gotosumio Museum
收藏了著名画家后藤纯男的上百幅画作，二楼餐厅提供富良野咖喱与奶酪。

【住宿提示】
暑假富良野住宿紧张，美瑛民宿略多且距离景点较近，两地均建议尽早预订。

DAY 7 美瑛—旭川

四季彩丘
Shikisai-no-Oka Flower Park
不可错过的梦幻彩色花海，可在美马牛站下车。附近的菅野牧场薰衣草花期较晚且花的品种较多。

拼布之路 Patchwork Road
因花田色彩斑斓犹如拼布而得名。

高砂酒造明治酒坊
Takasago Meiji Sake Brewery
可品尝到著名清酒“国士无双”及蛋糕、巧克力点心等。

万叶之汤 Manyo-no-Yu
距离旭川站 10 分钟车程的日归温泉休闲设施，有露天温泉、桑拿、大澡堂、食堂及各种美容美体服务。

【交通提示】
富良野美瑛地区适合包车游览，如果只有一两个人，推荐在 KLOOK 预订一日游行程解决交通麻烦。

DAY 8 旭川—新千岁机场

旭山动物园 Asahiyama Zoo
可以看到红鹤、天鹅、孔雀、小鹿等冬天看不到的动物，还可以参观喂食。

新千岁机场 New Chitose Airport
除了购物还能看电影、泡温泉的机场。国内线二楼有北海道特产和白色恋人、六花亭、柳月等点心品牌专柜；国内线三楼有北海道拉面道场、市电通食堂街等；“微笑之路”联络通道有哆啦A梦主题乐园、Hello Kitty主题乐园、Royce’巧克力博物馆等。

夏季长线

如果你的假期足够长，就去探索道北和道东地区吧，那里离人群更远、离自然更近，你将看到一个本真的北海道。

DAY 1 稚内

野寒布岬 Cape Nokanfu
西面可以看到利尻富士山，北面可以看到俄罗斯的萨哈林岛，是有名的看夕阳景点。推荐附近库页岛食堂的“无敌海胆盖饭”。

DAY 2 稚内

稚内港北防波堤
Wakkanai Kohoku Breakwater Dome
稚内地标，希腊风格的造型不仅能阻挡强风大浪，还成为时髦的西洋建筑。

宗谷岬地碑
Cape Soya Monument
三面环海，是日本的“北极”。别忘了购买“日本最北端到达证明书”。

DAY 3 利尻岛

通过骑行、徒步登山或搭乘观光班车等多种方式探索利尻岛。可在码头旅游信息中心索取地图和资料。

沼浦展望台
Numaura Observatory
又名“白色恋人之丘”，可以看到“白色恋人”包装盒上的雪山，在这里求婚还能得到一张求婚证书。

神居海岸公园
Kamui Coast Park
游客可以亲手采集并就地品尝最新鲜的海胆，建议提前预约。

夕日之丘展望台
Yuhigaoka Observatory
这里是看日落的好地方，礼文岛迢迢在望。日落后温度下降，注意保暖。

DAY 4 礼文岛

官方推荐 6 条徒步路线，可在码头旅游信息中心索取地图和资料。

海岬巡礼路线 Cope Tour Course
环绕壮丽山岬，路线全长 13 千米、耗时约 5 个小时。重点景点为最北角须古顿岬和可以观赏到全岛最美、最清澈大海的澄海岬。

桃岩展望台路线
Momoiwa Observation Course
山中远足路线，可以欣赏到多种鲜花并遥望利尻富士。

DAY 5 旭川

北岚山 Kitano Arashiyama
北岚山位于旭冈一带，有陶艺、玻璃、染色工坊和咖啡馆，适合消磨时光。

DAY 6 旭川—十胜川温泉

旭山动物园 Asahiyama Zoo
见《夏季短线》介绍。

十胜川温泉 Tokachigawa Onsen
其温泉富含有机物，对皮肤刺激较小，被称为“美人汤”。

DAY 7 带广

六花之森 Rokka Forest
甜点店六花亭开设的花园，北海道八大花园之一，庭院内还有几间美术馆。如行程紧张，推荐去市区的六花亭本店选购限定甜品。

Naitai 高原牧场 Naitai Plateau Ranch
日本第一大公共牧场，充满自然感，可以顺道品尝特色牛奶冰激凌和十胜和牛汉堡。

【交通提示】
带广地区景点分散，建议参加“十胜定期观光巴士”一日游，可直接从十胜川温泉上车。需要提前预订。

DAY 8 带广—Tomamu

真锅庭园 The Manabe Garden
北海道八大花园之一，包含日式、欧式和风景庭园三个部分，还保留了北海道开拓以前的贵重古木和植物品种。距离带广站约30分钟巴士车程。

DAY 9 Tomamu—钏路

星野 Tomamu 度假村 Hoshino Resorts Tomamu
清晨乘缆车前往露台可观赏著名的云海风景。注意保暖。

钏路湿原 Norokko 号小火车
乘夏季限定列车慢游湿原，有可能看到北极狐、丹顶鹤等野生动物。

DAY 10 阿寒湖

阿寒湖 Lake Akan
除了温泉景区，其他地区保留了相对原始的景观。推荐乘船游湖，并前往绿藻球展示中心看阿寒湖特有的绿藻球。

阿寒湖阿伊努村 Lake Akan Ainu Kotan
北海道规模最大的阿伊努族聚居地，可观看剧场表演、逛工艺品商店。

DAY 11 弟子屈地区

摩周湖 Lake Mashu
湖水透明度为日本第一，被称为“摩周的蓝宝石”。白天看摩周蓝，晚上观星，饱览360度的银河星空（观星需要提前预订）。

硫黄山 Mt. Io
一座千年活火山，有很多灰色和黄色的硫黄结晶。

屈斜路湖 Lake Kussharo Lake
日本最大的火山口天然湖泊，温泉从湖边黑砂下涌出，可泡砂汤温泉足汤。

【交通提示】
推荐购买包含以上景点的巴士通票“弟子屈 Eco Passport”，从阿寒湖温泉到 JR 摩周站的巴士也能使用。

DAY 12 宇登吕

知床五湖 Shiretoko Five Lakes
徒步游览世界自然遗产知床五湖，由专业导游带领进入棕熊景区。也可以乘坐观光船出海观熊。两个行程均需要提前预订。

DAY 13 罗臼

罗臼湾 Rausu Bay
有抹香鲸、小须鲸、贝氏喙鲸等鲸类出没，观鲸船需要提前预订。海上风大，建议准备冲锋衣外套。

推荐行程

Day 1 新千岁机场—稚内
飞机 1 小时
Day 2 稚内—利尻岛
渡轮 1 小时 40 分钟
DAY 3 利尻岛
环岛骑行 / 徒步 / 观光巴士
DAY 4 利尻岛—礼文岛
渡轮 40 分钟
DAY 5 礼文岛—稚内
渡轮 2 小时
稚内—旭川
JR 4 小时
DAY 6 旭川—带广
JR4 小时
带广—十胜川温泉
巴士 40 分钟
DAY 7 十胜川温泉—带广
观光巴士一日游
DAY 8 带广—Tomamu
JR 1 小时
DAY 9 Tomamu—钏路
JR 2.5 小时
钏路—塘路—钏路
Norokko 号 单程 1 小时
钏路—阿寒湖温泉
巴士 1 小时 45 分钟
DAY 10 阿寒湖
市区巴士 / 轮船
DAY 11 阿寒湖—摩周湖
巴士 50 分钟
DAY 12 摩周—斜里
JR 1 小时
斜里—宇登吕温泉
巴士 50 分钟
DAY 13 宇登吕温泉—罗臼
巴士 50 分钟
DAY 14 罗臼—中标津巴士总站
巴士 1.5 小时
中标津巴士总站—中标津机场
巴士 9 分钟
中标津机场—新千岁机场
飞机 1 小时

秋季路线

北海道的红叶季很长，大雪山是全日本最早迎来红叶的地方，9月中旬已经“见顷”，其他地区能持续到10月上中旬。“十一”黄金周时前往，风景正好。

DAY 1 定山溪

定山溪温泉 Jozankei Onsen
北海道三大温泉乡之一，距离札幌约1个小时车程。秋天，小溪、枫叶林和温泉街的景色非常迷人。建议提前预订酒店。

丰平峡水库 Hoheikyo Dam
作为札幌重要的水源地，丰平峡的储水量大约是30个札幌“巨蛋”体育馆的容量，入选“水源之森百选”。可前往展望台观看美丽原生林和岩石溪谷之景。

【交通提示】
新千岁机场每天下午2点有班车直达定山溪温泉。如错过班车，则可经札幌中转前往。不少酒店均提供从札幌到酒店的免费接送班车，记得提前预订。

DAY 2 札幌

北海道大学 Hokkaido University
全长380米的银杏大道十分梦幻，是札幌代表性的黄叶景点。不过请注意，银杏季是10月中下旬到11月上旬，比红叶季要晚，可根据到访北海道的日期调整行程。

平冈树艺中心
Hiraoka Tree Art Center
距离市中心约30分钟巴士路程，有700余株红叶，与其他绿色植物相映成趣。

藻岩山 Mt. Moiwa
乘坐索道上山，眼前的红叶森林如大海一般波澜壮阔，夜景也十分迷人。

【推荐活动】
札幌秋季丰收节
9月上旬至9月底在大通公园举行。参与者可品尝到北海道应季的新鲜美味，不容错过。

推荐行程

Day 1 新千岁机场—定山溪
大巴1小时40分钟
Day 2 定山溪—札幌
大巴50分钟
Day 3 札幌—旭川
JR 1.5小时
Day 4 旭川—旭岳
大巴2小时
Day 5 旭岳—旭川
大巴2小时
旭川—新得
JR 4.5小时
Day 6 新得—钏路
JR 2小时
钏路—知床斜里
JR 2.5小时
知床斜里—宇登呂温泉
巴士50分钟
Day 7 宇登呂温泉—知床斜里
巴士50分钟
知床斜里—网走
JR 40分钟
Day 8 网走—能取湖—网走
巴士单程30分钟
网走—女满别机场
机场大巴35分钟

DAY 3 旭川

神居古潭 Kamui-kotan
阿依努语为“神民寄宿之地”，是旭川西南部著名的枫叶景区，距离市区仅 30 分钟大巴车程。蜿蜒曲折的河流、层叠蔓延的枫叶山景搭配着神居大桥和蒸汽机车，形成了别致的秋景。

DAY 4 旭岳

旭岳 Asahidake
红叶季从 9 月初至 10 月中旬。可以先搭乘缆车到山腰，然后沿健行木栈道绕行一圈，也可以攀走石头路到山顶，观赏独特的火山景观及姿见之池、夫妻池等景点。

旭岳温泉 Asahidake Onsen
旭岳温泉在缆车站附近，1 千米长的温泉街上有多家温泉旅馆，徒步之后来泡个汤最惬意了！

DAY 5 新得

福原纪念美术馆
Fukuhara Memorial Museum
由福原连锁超市创始人福原治平投资建设的私人美术馆，展出齐藤斋、藤井范子等众多艺术家的作品，1.3 万平方米的私家庭园美不胜收。

DAY 6 宇登吕

知床五湖 Shiretoko Goko Lakes
知床五湖在秋季色彩斑斓，加上湖水倒影，美不胜收。建议提前预订持证自然向导带领的徒步行程。

DAY 7 网走

网走监狱博物馆
Abashiri Prison Museum
始建于 1890 年，是日本最古老的木造监狱建筑，也是目前日本唯一一家监狱博物馆。游客可以吃到原汁原味的牢饭、拍入狱照、穿囚服，体验丰富，纪念品商店里有很多创意周边产品。

DAY 8 网走

能取湖 Lake Notoro
9 月中下旬到 10 月初，珊瑚草的颜色开始转红。其中珊瑚草分布面积最大的是能取湖南岸的网走国立公园卯原内园地，火红一片十分壮观。注意：涨潮时珊瑚草会被淹没，可在气象厅官网查询潮汐时间并避开涨潮。

冬季短线

在很多人心目中，北海道就是雪的代名词，滑雪、泡雪中温泉、看企鹅散步，还有丰富的节庆活动，北海道的冬天一片纯白，但绝不无聊。

DAY 1 定山溪

札幌国际滑雪场
Sapporo Kokusai Ski Resort
位于定山溪温泉附近，是札幌规模最大的滑雪场，还设有儿童乐园，适合亲子游。滑完雪还能泡温泉，酣畅淋漓。

定山溪温泉 Jozankei Onsen
除了享受温泉，1月底、2月初还能遇上定山溪神社的“雪灯路”。一盏盏晶莹通透的冰灯铺满神社空地，梦幻又温馨。

DAY 2 札幌

二条市场 Nijo Fish Market
这个“札幌厨房”汇聚了全北海道的海鲜，尤其不要错过毛蟹、帝王蟹、牡蛎等冬季海鲜。

【推荐活动】
札幌雪祭
每年2月上旬举办，主会场大通公园里的冰雕、雪雕绵延1.5千米，晚上的建筑立体投影尤其值得一看。

【备选景点】
北海道旧道厅
Former Hokkaido Government Building
白色恋人公园 Shinroi Koibito Park

DAY 3 小樽—余市

小樽运河 Otaru Canal
游览白雪皑皑的小樽运河，满足你的《情书》情结。2月上中旬有小樽雪灯之路活动，还可游览小樽啤酒馆、北一哨子馆和小樽艺术村等景点。

余市威士忌博物馆
Nikka Whisky Yoichi Distillery
见《春季路线》介绍。

DAY 4 旭川

旭山动物园 Asahiyama Zoo
整座动物园被厚厚的白雪覆盖，能看到园里诸多寒带动物的最自然状态，还有冬季限定的企鹅散步。推荐在KLOOK预订札幌出发的一日游，除了动物园，还能游览青池、白须瀑布等景点，省去自己坐车中转的麻烦。

DAY 5 登别

地狱谷 Jigokudani
地狱谷是一万多年前火山喷发时形成的火山口遗迹，因其泡沫从温泉口和喷气孔喷涌而出、泉水翻滚沸腾的景象如同“恶魔栖息的地狱”而得名。

登别温泉 Noboribetsu Onsen
温泉水来自地狱谷，富含多达11种不同的矿物质。这里的温泉酒店众多，设施完备，值得停留一晚。

DAY 6 洞爷湖

洞爷湖 Toyako Lake
洞爷湖是日本最北端的不冻湖，一年四季都荡漾着清丽的湖水。在洞爷湖瞭望台可以看到包括中岛在内的全景。

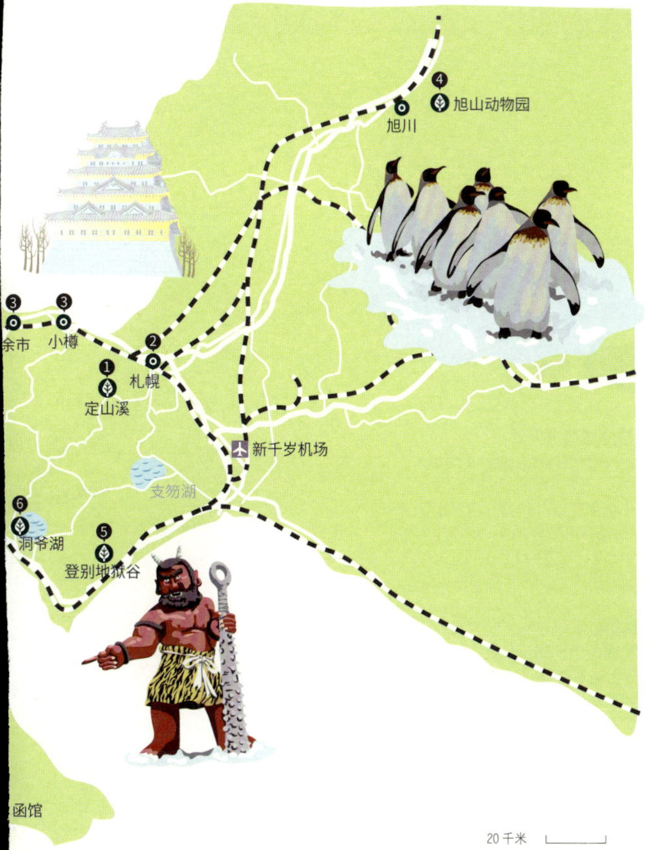

推荐行程

Day 1 新千岁机场—定山溪

大巴 1 小时 40 分钟

Day 2 定山溪—札幌

大巴 50 分钟

DAY 3 札幌—小樽

JR 40 分钟

小樽—余市

大巴 30 分钟

余市—札幌

JR 1.5 小时

DAY 4 札幌—旭川

JR 1.5 小时

旭川—札幌

JR 1.5 小时

DAY 5 札幌—登别

JR 1.5 小时

DAY 6 登别—洞爷

JR 40 分钟

DAY 7 洞爷—函馆

JR 2.5 小时

DAY 8 函馆—新千岁机场

JR 3.5 小时

【推荐活动】

洞爷湖温泉街冬季灯饰会

从 11 月持续到次年 3 月初，40 万颗灯泡装饰成 70 米长的隧道，还有直径达 9 米的穹顶，绚丽无比。

【备选景点】

函馆山 Mt. Hakodate

五棱郭地区 Goryokaku Area

DAY 7 函馆

函馆朝市 Hakodate Asaichi

见《春季路线》介绍。

【推荐活动】

函馆元町梦幻彩灯节

12 月初至次年 2 月末，在充满异国风情的元町地区，5 万颗灯泡装饰着坡道上的树木，在飘雪的夜晚显得尤其梦幻。

DAY 8 函馆

汤之川温泉 Yunokawa Onsen

泡温泉之余，还可前往附近的函馆市热带植物园观赏冬季限定的猴子泡汤景象。

新千岁机场 New Chitose Airport

见《夏季短线》介绍。

冬季长线

DAY 1 札幌

见《冬季短线》介绍。

DAY 2 旭川

见《冬季短线》介绍。

DAY 3 然别湖

然别湖冰上村
Lake Shikaribetsu Kotan
每年1月下旬到3月下旬，然别湖结冻后，人们会在湖上打造冰迷宫、冰酒吧、冰教堂、冰剧场、冰屋等，还有日本乃至全世界唯一的冰上露天风吕。

DAY 4 带广

幸福站 Kofuku Station
已停运的车站保留着铁轨、车厢、候车亭等，因为站名而成为恋人朝圣之地。可以购买“爱国站”（爱的国度）到“幸福站”的纪念车票作为纪念品，或在车票上写上名字钉在候车亭墙上祈福。

六花亭 带广本店
Rokkatei Main Shop Obihiro
带广著名的甜品店，本店的限定产品品种繁多，其中带广地区限定的“十胜带广发”往往一到下午就卖完了。一楼是商店，二楼是咖啡区，点心也很棒。

DAY 5 钏路

SL 冬之湿原号蒸汽火车
SL Fuyu-no-Shitsugen Train
北海道最后一列还在运营的蒸汽小火车，仅在1月底至2月底间的部分日期运营。车内布置了木椅、木地板、吊扇和烤鱿鱼干的煤球炉，复古风情浓郁。全车指定席，记得提前预订。

钏路和商市场
Kushiro Washo Market
北海道三大市场之一，其名物为“胜手丼”，可随心所欲挑选海鲜，配成自己喜爱的海鲜盖饭。

DAY 6 鹤居村

鹤居村 Tsurui Village
近距离观看丹顶鹤的最佳地点。建议预订酒店或民宿的观鹤 tour，包含日出、上午喂食和日落三次观赏。请勿随意喂食丹顶鹤或大声喧哗惊扰。

【交通提示】
鹤居村到摩周湖没有直达班车，须返回钏路搭乘 JR。如行程紧张，可考虑包车前往摩周湖。

DAY 7 弟子屈地区

屈斜路湖 Lake Kussharo
因为湖边砂地有温泉涌出，靠近岸边的湖水不会结冰，因此吸引了近百只大天鹅来此过冬。在古丹温泉，泡着露天温泉看天鹅在眼前游弋，雪山冰湖如画，是十分难得的体验。

巴士1小时
斜里—网走
JR 50分钟
DAY 11 网走—女满别机场
大巴35分钟
女满别机场—新千岁机场
飞机50分钟

摩周湖 · 摩周星纪行 Lake Mashu
摩周湖的第 1、第 3 展望台地处高处，周边地形平坦，可以实现近乎 360 度夜观星空，还可以观赏到星空与湖面交相呼应的景色。须提前预订，如当晚夜空不晴朗，旅行社会在傍晚通知取消行程（不收费）。

DAY 8 弟子屈地区

摩周湖 · 雾凇 Lake Mashu
冬季看到“摩周蓝”的几率较大。最好是在清晨前往，那时雾凇被朝阳染成粉色，被宝蓝色湖水映衬着，堪称绝景。

【交通提示】
推荐购买两日巴士通票“弟子屈 Eco Passport”。

DAY 9 宇登吕

流冰漫步 Drift Ice Walk
穿上全封闭干式潜水服，跟随向导在冰上行走跳跃，变身超级玛丽，流冰不仅好看还很好玩。

DAY 10 网走

流冰观光碎冰船 · 极光号
Drift Ice Sightseeing Icebreaking Ship Aurora
乘坐碎冰船出海，观赏流冰绵延到海天交界处的壮观景色，体验船底与冰块碰撞带来的震动，还有可能看到随流冰而来的动物，如虎头海雕和海豹等。

北滨车站 Kitahama Station
全日本距离大海最近的车站之一，在流冰物语号驶进站时，能拍到列车、大海、流冰和知床连山同框的画面。

DAY 11 网走

网走监狱博物馆
Abashiri Prison Museum
见《秋季路线》介绍。

鄂霍次克流冰馆
Okhotsk Ryu-hyo Museum
位于天都山山顶，以流冰和鄂霍次克海为主题的科学博物馆，可以看到萌萌的“流冰天使”，了解流冰形成的原因以及海域的生态环境并品尝“流冰冰激凌”。

推荐行程

- Day 1 新千岁机场—札幌
- JR 50 分钟
- Day 2 札幌—旭川
- JR 1.5 小时
- 旭川—带广
- JR 4.5 小时
- DAY 3 带广—然别湖
- 大巴 100 分钟
- DAY 4 然别湖—带广
- 大巴 100 分钟
- 带广—幸福站—带广
- 大巴单程 50 分钟
- DAY 5 带广—钏路
- JR 1.5 小时
- 钏路—标茶—钏路
- SL 湿原号往返 3.5 小时
- 钏路站—鹤居村
- 大巴 80 分钟
- DAY 6 鹤居村—钏路
- 大巴 80 分钟
- 钏路—摩周
- JR 2 小时
- DAY 7/8 弟子屈地区
- 弟子屈 Eco Pass
- DAY 9 摩周—斜里
- JR 1 小时
- 斜里—宇登吕
- 巴士 1 小时

交通攻略

对中国游客来说，游北海道，交通是最大的痛点。日本租车公司仅承认IDP国际驾照，而中国不是IDP成员国，持中国驾照无法在日本租车，只能选择公共交通或包车。由于不少地方车次较少，如果决定自由行，请提前计划好交通，精确到班次时间。否则一旦错过班车，行程计划就会被全部打乱。

如果既不愿意全程跟团，又觉得交通麻烦、包车费用太高，可以参加当地一日游、半日游行程。

飞机

北京、上海有直飞札幌新千岁机场的航班，不过往往经东京或大阪转机的价格更实惠。北海道多个城市有机场，道内航班价格并不贵。如果不购买JR Pass，在计划长距离移动时不妨考虑一下飞机。

火车及JR Pass

在北海道，搭乘日本国铁（Japan Railway，简称JR）可以抵达大部分目的地，相对方便。

如果计划长距离移动，可以考虑购买JR北海道铁路周游券，能乘坐北海道所有JR线路的列车及部分JR巴士（不含新干线），并免去购票手续。有连续使用的3日券、5日券、7日券以及10天内任选4天使用的任选4日畅游券。如果不是连续多天搭火车走长途或计划部分路段搭乘大巴，那么任意4日券最为实用，可以安排在火车票价最高的4天使用。例如，在“夏季长线”中，可选择在Day1新千岁机场—稚内、Day5稚内—旭川、Day6旭川—带广、Day9 Tomamu—钏路这4天使用周游券，会便宜不少。

巴士

依靠智能手机App来查找交通方式的习惯在北海道行不通——谷歌地图只能查到JR、札幌地铁和函馆地面电车，即使是日本本土的App，如Navi Time等也只能查到大城市间的长途汽车（日本叫“高速巴士”），至于村镇间的巴士和市内巴士则查不到，而偏偏后者才是我们游玩时的主要交通工具。

这些被App遗忘的巴士时刻表和票价都能在各地巴士公司或旅游局官网上查到。因此，在北海道进行深度自由行，你要回到智能手机诞生前的年代，把时刻表下载下来，用纸笔或Excel表格计划好每一天的交通换乘。很麻烦，但全部完成后也会很有成就感！

类型	成人费用	儿童费用（6岁至11岁）
3日券	17400日元	88700日元
5日券	23480日元	11740日元
7日券	25710日元	12850日元
任选4日畅游券	23480日元	11740日元

交通卡

在札幌附近短距离移动时，你需要一张交通IC卡，省去每次查票价、找零钱买票的麻烦。北海道的交通IC卡是Kitaca，可以在札幌到小樽、新千岁机场、苫小牧、石狩、岩见泽的JR列车上使用。别担心出了北海道就没用，Kitaca在全日本各大城市的JR、地铁、私铁、市内巴士、便利店，只要有IC标志的地方都能使用。

附录：关东关西小锦囊

如果经东京或大阪转机，时间又比较充裕，可以顺便玩玩关东和关西。

关东

东京面积广阔，公交车有不少路线要分段收费，快捷的地铁是首选的交通工具。推荐购买东京地铁乘车券，涵盖东京地铁及都营地铁共13条线、250个车站，包括新宿、涩谷、上野、浅草等热门地区，基本可以满足你在东京的出行需求。

不去富士山就不算到过日本，但又懒得自己计划行程？从东京出发的富士山一日游是个非常受欢迎的行程，景点包括河口湖、忍野八海、富士山五合目及御殿场等，KLOOK平台上已有超过7万人预订。

关西

想要游玩大阪热门景点，推荐购买大阪周游券，可以无限次乘坐大阪市内的巴士和地铁，还能免票进入HEP FIVE摩天轮、梅田蓝天大厦空中庭园展望台、大阪天守阁等景点。1日券2700日元，2日券3600日元。

如果计划以大阪为据点游关西，那么关西周游券是你的最佳选择，它的适用范围非常广，包括京都（含比叡山）、滋贺大津、奈良、神户、姬路、和歌山和高野山除JR以外的主要城际和城市交通工具，地铁、巴士、阪急、京阪、阪神、近铁、南海电车等都能使用，十分实用。2日券4300日元，3日券5300日元。

哈利波特禁忌之旅、小黄人乐园、全世界最大的360度云霄飞车飞天翼龙……大小朋友都不能错过环球影城。推荐在环球影城的官方合作伙伴KLOOK预订门票，出示凭证即可直接入园，方便快捷。

北海道漫步路线

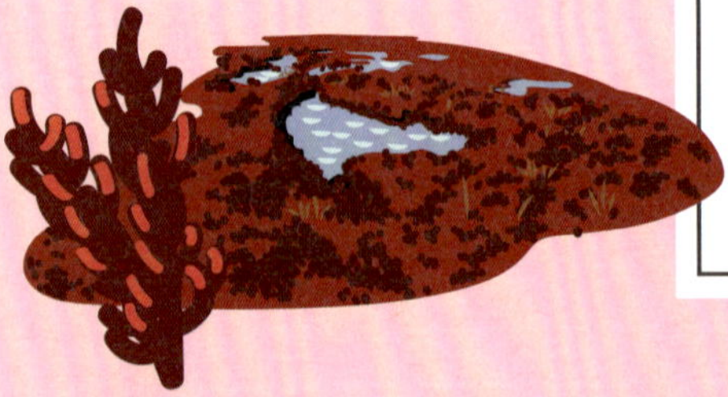

撰文 / 万金智　　　　制图 / Nath、彭振

富田农场

四季彩丘

云霄飞车之路

富良野夏日之味

富良野芝士工厂

富良野的大自然中处处响彻着鸟鸣，白桦林的荫翳中坐落着芝士工厂。在这里，你可以试吃各种口味的芝士，也可以体验芝士的制作过程。

地址： 〒076-0013 北海道富良野市中五区 **电话：** 0167-23-1156 **营业时间：** 4 月至 10 月 9:00—17:00，11 月至次年 3 月 9:00—16:00（12 月 31 日至次年 1 月 3 日休息） **网址：** www.furano-cheese.jp

Campana 六花亭

Campana 六花亭被一大片葡萄园包围着，坐在落地窗前，可以眺望富良野市区及远处的十胜连峰。除了购买六花亭包装精美的点心，你也一定不要错过这里的蛋糕、饼干与冰激凌，它们既实惠又好吃。咖啡则是免费提供的。

地址： 〒076-0048 北海道富良野市清水山 **电话：** 0167-39-0006 **营业时间：** 4 月底至 11 月初 9:00—17:00（最后点单时间为 16:00） **网址：** www.rokkatei.co.jp/facilities/campana

Popura Farm

在富良野，除了薰衣草味的冰激凌，你一定要品尝蜜瓜冰激凌。与富良野比邻的夕张是日本最著名的蜜瓜产地，这里有严格的蜜瓜栽植标准，口味甜美、售价昂贵是夕张蜜瓜的标签。在蜜瓜丰收的季节，富良野的蜜瓜冰激凌极其奢侈地用半个蜜瓜作为冰激凌的容器，一定会带给你难忘的富良野夏日之味。

地址： 〒071-0771 北海道空知郡中富良野町中富良野东 1 线北 18 号 **电话：** 0167-44-2033 **营业时间：** 4 月至 10 月 9:00—17:00 **网址：** popurafarm.com

芝士工厂里的芝士

富良野芝士工厂

蜜瓜冰激凌

六花亭甜点

天之涯，海之角，去日本的尽头

撰文、摄影 ◎ **骆仪**　　采访翻译 ◎ **万金智**

在北海道旅行，常常有天地广阔、四野无人的感觉。而日本本土的最北端和最东端都在北海道。那里，就是你在日本所能抵达的天涯海角了。

最北车站

稚内：有异域风情的“北极”

距离札幌站396.2千米，距离东京站1547.9千米，距离枕崎站（JR铁路线最南端的车站）3099.5千米——一下车，一串数字映入眼帘，北纬45度25分03秒，我来到了日本最北端的车站稚内。

出了车站，看到街上的俄文招牌，边境的味道马上就浓了起来。稚内与俄罗斯的库页岛隔宗谷海峡相望，最近处距离仅43千米，市内也有俄罗斯人定居，你还能光顾俄罗斯餐厅、看俄罗斯民族舞蹈表演，感受在日本难得一见的异域风情。稚内的人口还不到3.5万人（仍在减少），即使是大白天，街上也没有多少车辆和行人，建筑低矮，抬头便见天际线。已经8月底了，还能看到紫阳花，比关西、关东的花季晚了整整两个月。不到20℃的气温，跟京都的酷暑相比真是怡人。

走着走着，就看到了渔港和停泊的渔船，闻到了空气中的鱼腥味，鄂霍次克海到了。副港市场里有一条复古商店街，钱汤（公众澡堂）19日元，电影票120日元，理发400日元，看到这样的价格相当有穿越感。那座“稚内港站”则是日本人对库页岛领土心结的直接呈现，里面用大量的历史图片和“桦太银行”等昔日招牌证明日本人在库页岛上居住生活的痕迹。

真正的日本北极[1]在宗谷岬，北纬45度31分22秒，从稚内市区搭公车过来还要走一个小时。

宗谷岬的海景和街景都相当平淡，海风很大，在“日本最北端之地”纪念碑留个影，就算到此一游。

有意思的是，这里几乎所有的建筑物都可冠以“日本最北”之名：最北灯塔、最北食堂、最北纪念品店、最北之宿、最北海鲜市场、最北警察局、最北神社、最北加油站、最北邮局，甚至最北公厕……不妨数数你打卡了多少个“最北”。最后，别忘了买一张“日本最北端到达证明书”。

※ **注释**

1. 日本北极： 为日本实际控制领土的最北端。

天气好时从礼文岛眺望利尻富士

登上夕日之丘展望台远眺

在利尻岛骑行

[TIPS] 利尻岛

1. 在鸳泊码头旁即可租自行车，建议选择有变速功能的山地车。
2. 环岛全程 60.2 千米，官方资料显示需 7.5 个小时。但由于路上必定会停下来拍照休息，所以除非在岛上过夜、一大早就开始骑行，否则很可能不够时间完成环岛。如果搭当天早上的渡轮抵达后才开始骑行，可以骑到利尻町运动公园再原路折返，全程约 38 千米，需 5 至 6 个小时。如果你发现自己在每段路上耗费的时间都比官方资料显示的要长，就早点折返吧。
3. 路上各种路标和示意图齐全，一个人也不用担心迷路，还有多处公厕和休息站。
4. 出发前买一瓶 Reshiria 矿泉水，瓶身上同样印有利尻富士山，举着瓶子在山前拍一张最特别的打卡照吧！
5. 除了骑行，也可以选择搭乘观光巴士，但时间和路线都相对不自由，少了些野趣。
6. 利尻岛的最佳旅游时间为 7 月至 8 月，岛上住宿的选择不多，建议尽早预订。

[TIPS] 礼文岛

1. 民宿须古顿岬仅在每年 5 月至 9 月初营业，仅 8 间客房，建议尽早预订。网站：rebun.jp/rebuntou/sukoton。
2. 购买 45° N Hopping Pass，可以乘坐稚内到两座离岛、离岛之间的任意渡轮，及岛上所有路线巴士（不含观光巴士），4 日票价为 10000 日元。E 路东瀛（Japanican.com）每年 5 月至 10 月销售。

苍茫天地间，一人，一车，与其说孤独，
不如说是无与伦比的奢侈，
这么美好壮阔的世界在这一瞬间为我独有。

利尻岛：北海道的富士山

从稚内往西眺望，天气好的时候，能看到海中央有一座孤零零的锥形山，仿佛浮在海面上，那就是有着“梦之浮岛”美名的利尻岛。小岛得名自阿伊努语，意为“高的岛屿”。这是一座圆形小岛，岛中央耸立着海拔 1721 米的利尻山，因为与富士山的形状相似，它也被称为“利尻富士”。你可能没听说过这座山，但一定知道人人到日本必买的手信、著名巧克力“白色恋人”，而利尻富士就是印在“白色恋人”包装上的山峰。想看到跟包装同角度的山峰，要去“白色恋人之丘”，那里的正式名称是沼浦展望台。在这里求婚可以得到一张特别的求婚证书，它可是岛上最热门的景点。

利尻山是登山爱好者的朝圣地，而对于不登山的人来说，游览利尻岛的最佳方式就是骑行。岛内有长达 60.2 千米的环岛骑行路线，且大部分路段有专门的自行车道。我租了一辆山地车就出发了，路的尽头是蓝色的大海，沿着海边一直骑，山在左，海在右，路上空无一人，梦想中的风景竟然成为现实。曾经梦想骑行台湾但从未实现，在这个日本最北端的火山岛骑行，人烟更稀少、天地更开阔，从海边拐进芦苇深处，巍峨浩大的利尻富士就矗立在面前，仿佛触手可及。苍茫天地间，一人，一车，与其说孤独，不如说是无与伦比的奢侈，这么美好壮阔的世界在这一瞬间为我独有。

上坡时筋疲力尽，下坡时自由得要飞起来，心里默念着日剧《四重奏》中那句经典台词：人生有三个坡，上坡，下坡，没想到（人生には、三つの坂があるです。上り坂，下り坂，まさか）。在山路上骑车最不舍得刹车，但我还是一次次地停下来，从背包中掏出相机拍照，所谓“停车坐爱”。诗句的原意很美，风景太好了，忍不住停下车慢慢欣赏，忘记赶路。还有什么比这更能形容风景的美好和旅行的兴之所至呢？

返程时，登上夕日之丘展望台远眺。高纬度的海，似乎比热带的海蓝得更加宁静深沉，如绸缎般延展到天

从礼文岛的须古顿岬眺望对岸的海驴岛

边。无论来时的路有多远，经过了多少飞机、火车、渡轮的中转，看到这一幅画面，就值回了票钱。在我看来，去白色恋人之丘求婚固然甜美，但两个人一起欣赏大自然纯粹的美，独享纯净的天空与海，更加浪漫。

礼文岛：在最北离岛泡汤

次日，我搭乘渡轮前往另一座离岛礼文岛。礼文岛有“花之浮岛”的美名，因岛屿本身地处高纬度地带，气温较低，生长着三百余种高山植物，每年5月至8月为花季。跟利尻岛不同，礼文岛没有环岛路线，地势起伏较大，不适合骑行。车道主要在小岛东侧，西海岸几乎没有人居住。虽然有观光巴士，但要感受这座天然花园的魅力，最佳的游览方式是徒步。桃岩步道正是岛上的繁花之路，在路上还能眺望海面上的利尻富士。

下船后，我乘坐班车，直奔礼文岛的最北端须古顿岬。大概是我在利尻岛上用尽了好运气，只见阴云密布，海水比天空更阴沉。登上海岬的看台眺望，俄罗斯管辖的小岛近在咫尺，风景却因为天气而黯然失色。独自去徒步，又因为山坡上风太大而不得不中断。须古顿岬曾被认为是日本领土的最北端，经勘测后才发现，其纬度为45度30分，比稚内宗谷岬差了一点，因此改名“日本最北限之地”，知名度从此败给后者。

我退回海岬，民宿“须古顿岬”是我这一晚的容身处。在日本最北离岛的最北海岬，一间小木屋孤悬在断崖边，面朝狂风与海浪。附近除了一间海产品商店，再无其他建筑。要说日本最北民宿，它还算不上，但在这里过夜，远比到宗谷岬那座纪念碑到此一游更令我难忘。

下午的班车开走后，商店也关门了，这里只剩下民宿的几位客人、员工和呼啸的海风。插翅难飞，正适合上演阿加莎笔下《无人生还》之类的孤岛杀人案。天气越发阴郁，泡着汤看海上日出的愿望也真的“泡汤”了。或许，这才是独居海角的冷酷真实。

海鸟停在纳沙布岬的礁石上

[TIPS]

萨丁娃娃（サテンドール）
地址：北海道根室市大正町1-24（距根室站步行1分钟）
电话：070-4816-1538
营业时间：9:00—18:00，周四休息

铃木食堂
地址：北海道根室市纳沙布岬36-10
电话：0153-28-3198
营业时间：7:30—18:00，冬季休息

根室：日本最东的咖啡馆和民宿

火车窗外突然出现了湿地。确切地说，是绿色的湿地，蓝色的河，绿色的森林，蓝色的天，色块分明。然后，越过苇草，浩瀚的海出现在窗框里，纯粹的蓝，不起一丝波澜。此刻如果从高空俯瞰，你会看到一辆单节小火车驰骋在绿和蓝的天地中。

从稚内到根室，从日本海到鄂霍次克海及太平洋，长途跋涉、多番中转，我从日本的北极来到东极——日本最东端的有人车站根室站，东经145度35分12秒。根室站是根室本线的终点站，在其前一站、东经145度35分49.2秒的东根室站才是真正的日本最东端的车站，但那里不设站房，无人值守。

道东有两只“牛角”，北边的知床半岛和南边的根室半岛长长地伸入海中。有人说道东是“日本最后一片净土”，那根室就是净土中的天涯。这里比稚内还要冷清，大中午走在街上几乎看不到人，虽然是个城市，感觉却像与世隔绝的小岛，就连市中心立着的“归还北方领土”的碑石看起来也那么孤立无援。我只顾着拍照错过了饭点，走了几条街都没找到吃饭的地方。根室以花咲蟹闻名，蟹祭刚刚过去，但只见贩卖整蟹的商店，不提供料理。

终于发现了一家还开着门的咖啡店，我推门进去，老爷爷烤的白吐司拯救了饥肠辘辘的我。我惊讶地发现，自己误打误撞，闯进了日本最东端的爵士咖啡店，这里有店长谷内田欧吉桑收集的2500张黑胶唱片、1000张CD……

随后，我搭车前往东经145度49分16秒的“东极”——纳沙布岬。到达时正好是日落时分，看着海水温柔的蓝，看着一轮满月升到海岬的白色灯塔边，我感到，跟稚内的宗谷岬相比，这才是我想象中的天涯海角。

突然发现，海边只剩我一个人了。我在日暮大风中走进“铃木食堂”——日本最东端的餐馆和民宿。说是民宿，其实也就是10平方米左右的榻榻米，晚上把餐桌撤去就是大通铺。虽然简陋，但许多环游日本的机车骑士都会在这里过夜，久而久之，到铃木食堂就有了点朝圣的意味。墙上贴着许多曾落脚的旅人给店长寄回来的明信片和照片，其中有一位小川先生，曾罹患脑梗塞、脑出血、两脚麻痹，但在10次登顶富士山、4次孤身环游日本且踏遍369座离岛并创下日本纪录后，依然念念不忘铃木食堂带给他的温暖。

铃木食堂的菜单很简单，当地著名的“铁砲汁”（花咲蟹汤）是必点。通过一番手舞足蹈的肢体语言对话，老板确认能让我赶上最后一趟回城的班车。等热腾腾的汤端上来，离开车就只剩20分钟了。哇，好鲜美的汤！我抓起剪刀粗暴猛铰，连着带刺的蟹壳塞进嘴里大嚼，还一直盯着墙上的钟，又三下五除二刨完一碗元贝刺身盖饭，然后结账、给老板拍照留念，狂奔至车站。

黑暗的世界里仿佛就剩下我一个人了，车该不会开走了吧？这里离城里可有一个小时的车程呢！后来我才发现，我把开车时间记错了，早到了10分钟，可惜了那碗汤！那碗天涯海角的蟹汤，哪怕不是最美味，也是最特别的，又孤独又享受，价格实惠，却在时间上十分奢侈，大概一辈子只能吃到一次吧。

纳沙布岬的日落

这一天正好是中秋节，在日本最东端的纳沙布岬看满月初升，是非常独特的经历

爵士咖啡店店长谷内田一哉

爵士咖啡店里满墙的唱片

81 岁的咖啡店长，3500 张爵士乐唱片 ••••••••••••••••••• Q&A

谷内田一哉，81岁，原为水产公司上班族，1978年开店，店名“萨丁娃娃”（Satin Doll）取自爵士名曲。

J MOOK：您在官网上写，“与其说是从清水的舞台上跳下（日本谚语，表达孤注一掷、破釜沉舟的决心），不如说是抱着坠落的心境开始营业”，这是为什么呢？

谷内田：我在40岁时开店，人到中年，鼓起勇气辞职，从头开始，与其说破釜沉舟，倒不如说带着很多不安。

J MOOK：您是怎么喜欢上爵士乐的呢？听说店里有2500张黑胶唱片、1000张CD，都是怎么收集来的呢？

谷内田：20世纪五六十年代，爵士乐很流行。中学时，我开始听NHK的爵士乐节目，工作后也常和朋友一起听爵士乐。1965年，我和朋友成立了“根室Hot Jazz Club”，还举办现场演出。看到杂志里的唱片，我就会拜托音像店买。载体变成CD后，我也开始收集CD。

J MOOK：为何选择开咖啡店分享爵士乐？

谷内田：店里主要提供咖啡、红茶等，没有一般咖啡店里的正餐，我希望客人随意进来坐坐，在轻松的氛围中享受爵士乐。其实刚开店那会儿，全国都有爵士咖啡店，只是现在喜欢爵士的年轻人少了，爵士咖啡店也少了。

J MOOK：喜欢泡哪种咖啡？

谷内田：店里没有咖啡机，而是用漏斗弯管咖啡煮沸器和玻璃咖啡壶，客人可以选择自己喜欢的咖啡豆种类。

J MOOK：为什么选择在根室开店？这里很偏远，人也很少，不会偶尔感到寂寞吗？家人也在根室吗？

谷内田：我在根室长大，很喜欢这里。孩子在东京上班，但妻子跟我一起，所以不寂寞。现在她更热衷于志愿服务，店里大部分时间是我自己一个人在经营。

J MOOK：一个人打理得过来吗？对未来有什么期许？

谷内田：一天站下来挺累的，身体挨不住。我也不知道能经营到什么时候，可能哪天医生说需要休息，就不得不休息了。很遗憾现在喜欢爵士乐的年轻人少，咖啡店也许不久后就后继无人了，但我也无可奈何。

（在本文发表时，谷内田终于退休了。从东京移居根室的棚纲宏和享子夫妇接手了店铺，日本最东端的爵士咖啡店得以复活。）

铃木食堂远藤店长

铁砲汁

600 日元一晚，让长途跋涉的骑士落脚 ••••••••••••••••••• Q&A

远藤一则，52岁，纳沙布岬本地人，本为渔民，自2014年起担任铃木食堂二代目。

J MOOK：开业多少年了？为什么在日本最东端开店？

远藤：这家店其实是舅舅、舅妈13年前开始经营的，几年前他们去世了，我才接手过来经营。孩子在美容职业学校上学，所以基本上是我一个人经营。

J MOOK：店里的工作忙吗？

远藤：北海道冬天很冷，交通不便，所以店里最忙的是夏秋季节。从早上七点半到晚上六点，没有休息日。食材是早上六点或者晚上结束营业后去市里买的，往返一个小时。忙的时候也会临时找人帮忙，有时甚至自己捕鱼。不过开店前我是渔夫，也习惯了这样忙碌的生活。

J MOOK：冬天休息时会做些什么？

远藤：和熊一样，啥都不干，冬眠呀！

J MOOK：店里的顾客是以机车客为主吗？

远藤：有骑车的中学生，有开摩托车的，也有开汽车的、坐观光巴士的，还有七十多岁的老人，各种各样。

J MOOK：是先做食堂，还是一开始就有了民宿？600日元一晚的价格非常便宜，为什么定价这么低？

远藤：因为这里是日本最东端，有很多客人都是长途跋涉过来的，所以店里在几年前开始建立“行者之屋”（riderhouse），以每晚600日元的低价给他们提供一个简单落脚的地方。其实住宿方面是不赚钱的，基本上是做好事。这是舅舅、舅妈以前一直在做的事情，我打算以后也继续下去。“行者之屋”这个概念也是从北海道开始的，因为北海道的旅游资源主要是大自然风光，有些风景好的地方比较偏远，所以在北海道，像这样提供廉价住宿的地方有很多。

J MOOK：请说说让您印象深刻的客人。

远藤：（哈哈大笑）要说的话，简直是一天一夜都说不完啊，有趣的客人可多了！有一些客人还跟我成了朋友，后来又回来这里看我，有一位独自开摩托车来的韩国客人就是这样。一般摩托车客都会很累，早早地就会睡觉，有一次晚上十二点了，大家都熟睡了，有位客人还在店外走来走去不睡。我就问他为什么还不睡，他说有自己的生物钟，没到点睡不着，结果快一点了才去睡觉。

自然[06]

晴好秋日，游走诸神的花园

撰文 ◎ **郭睿** 摄影 ◎ **许阳**

从知床半岛到大雪山，深入探索北海道的自然原始风貌。

[TIPS]

观熊
夏秋时节，宇登吕的观光船沿宇登吕一侧的海岸线前往知床半岛的尽头知床岬，中途会经过棕熊出没的留斜河湾。如果以观熊为主要目的，建议乘坐小船，这样能离海岸较近，便于拍摄。最佳季节为8月至10月上旬。

CAFE FOX
地址： 北海道斜里郡斜里町宇登吕东96-5
电话： 050-31-888222
网址： cafefox.jp

我们人类
在这里是打扰
动植物生活
和生长的

要抱着
"添麻烦"的心态

无论是七彩拼布的花海，还是风吹麦浪的丘陵，北海道常常给人以诗意乡野、田园牧歌的浪漫印象，其雄浑壮阔的自然气息则容易被忽略。知床半岛是动物的天堂，大雪山则是高山植物的花园，晴好秋日是深入探索北海道自然原始风貌的最佳季节。

知床半岛：大地的尽头

北海道的东北角是一个狭长的半岛，将鄂霍次克海与太平洋分开。半岛上原生林密布，平均海拔为1500米的火山群连绵起伏，棕熊、梅花鹿、赤狐与紫貂等生于山间；抹香鲸、虎鲸、北海狮与斑海豹游弋在半岛两岸；虎头海雕、白尾海雕和鹰雕在海山之间游荡。当我面对此景此境时，《庄子·逍遥游》中描绘的北冥从脑海里跳了出来，虽是不同国度却同样壮观瑰丽，鲲化为鹏，或许是古人对海雕捕食鲑鱼场景的浪漫化想象？

这里就是知床半岛，1964年设立国立公园，2005年被评为世界自然遗产。知床得名自阿伊努语，意为"大地的尽头"。在知床半岛，无论是在海上乘船逐浪，还是在活火山的环抱中徒步，都有一种在世界尽头流浪的感觉。有关知床的艺术作品多带有放浪孤独的伤情，《非诚勿扰》里邬桑哼唱的歌曲《知床旅情》便是其一。

棕熊"香肠"的悲剧

知床人烟稀少，却是全日本棕熊分布最密集的地区。当年，一只棕熊横穿公路时，碰巧遇到驾车路过的人从车窗中投出香肠，它尝到了甜头，因此把人和车与食物联系在一起，频繁地在公路沿线活动，它也被人们称为"香肠"。保护区的工作人员觉察到这种不正常现象后，对它进行恐吓、鸣枪警告，甚至将它捕捉运至深山。

从宇登吕坐船往知床岬看到的无名瀑布

徒步宇登吕

徒步宇登吕

徒步到陆地尽头，就看到了断崖上的“少女的眼泪”瀑布

罗臼岳

但令人意想不到的是，一天清晨，“香肠”出现在宇登吕一所小学的操场上，严重威胁到周边住民的安全。枪响了，工作人员不得已杀死了“香肠”。

为避免悲剧再次发生，当地加强了不要投饲动物的宣传，但如何处理野生动物和人的关系，尤其是如何应对外来游人对野生动物习性的影响，一直是摆在知床面前的课题。如今“香肠”的皮毛静静地躺在宇登吕知床自然中心，提醒着人们：一次无意识的野生动物接触行为也许就会造成一个悲剧。

宇登吕：徒步前要清扫鞋底

知床的自然体验是海陆并进的立体形态：海上可以观鲸、观熊，陆地上则以户外徒步为主。分别位于半岛东西两岸的小镇罗臼和宇登吕均提供一些自然户外类的观光体验项目。在宇登吕一侧，散布在知床半岛山脊西北侧的一系列林中湖沼被称为“知床五湖”，自申遗成功后便成为知床半岛的地标，游客纷至沓来。但知床的观光管理部门仍然不懈地在生态保护与旅游观光之间寻找平衡。为了保全知床脆弱的森林生态系统，五湖的徒步路线被严格分成面向户外徒步散客的深度路线和面向旅游团的大众路线，除了“一湖”，其余四个湖沼都限制团体游客进入。

一湖搭建了安装电网的高架木栈道，防止野生动物侵入，方便团体游客安全参观。其他四湖的徒步路线均为地面小径。在徒步之前，我们被要求清扫鞋底，防止带入外来植物的种子。除纯净水与不含糖的茶饮料外，其余一切饮料均禁止带入。我们还要观看一部十分钟左右的短片，学习如何避免遭遇棕熊及遭遇后的安全对策。

站在一湖的高架木栈道上，知床连峰的全貌一览无余。行走在群山包围的五湖之间，云被山峦拖慢了飘荡的脚步，时而云起，时而云散，山间气象变幻万千，光线也捉摸不定。林中分布着萨哈林冷杉、白桦、柞树、槭树、花楸等各种北方树木，在秋日阳光的照射下，水和山的倒影浑然一体，群山与森林色彩丰富。运气好的话，能看到黑啄木鸟、丑鸭、花鼠和北松鼠等小动物，博物、生态和自然的爱好者值得花上大半天时间泡在里面。但如果发现了熊，管理部门就会立刻疏散游客，封

毛腿渔鸮

徒步向导在展示防熊喷雾

北海道赤狐

[TIPS]

观鲸 & 观海雕

罗臼附近的海域经常有鲸光顾，可乘船观鲸，其中 6 月至 8 月虎鲸出没较多，8 月至 10 月抹香鲸出没较多。2 月流冰季节，可登船观看虎头海雕、白尾海雕在海上觅食，在流冰上进食、休息、争斗等。

知床 Nature Cruise

地址：北海道目梨郡罗臼町本町 27-1

电话：0153-87-4001

网址：www.e-shiretoko.com

徒步

在宇登吕可参加知床五湖和“少女眼泪”瀑布徒步，在罗臼可参加罗臼湖徒步。

知床罗臼 Lincle

地址：北海道目梨郡罗臼町本町 23 番地

电话：0153-85-7604

网址：shiretoko-rausu-lincle.com

Shinra（シンラ）

地址：北海道斜里郡斜里町宇登吕西 187-8

电话：0152-22-5522

网址：shinra.or.jp

闭园区。

在宇登吕乘船前往知床岬时，你会看到瀑布“少女的眼泪”。两条水流从岩石中流出，形如两行泪水，它因此得名。徒步则可以走到断崖边从上方俯瞰瀑布。从知床自然中心出发，穿过一片林地，直到眼前豁然开朗，一片蔚蓝的大海横在眼前，瀑布就从断崖的岩石缝隙中汩汩流向大海。海天一色的鄂霍次克海上，间或一艘白色的渔船驶过，划出一条细长的白线，衬着断崖上的灯塔，场景令人心旷神怡。

罗臼：排泄物也要带走

与宇登吕相比，罗臼的开发幅度更小，自然风貌更原始，来访的游人也更少。罗臼湖高山植物与湿地徒步路线基本是在山里开出的泥土路，只有后半程进入湿地区域时才修建了简易的木栈道。徒步前需要预约向导，并换上向导提供的雨靴，全程约六千米，有一定的户外强度，并不适宜普通游客。据向导说，为了保护世界遗产的自然生态，罗臼的户外体验不承接大中型旅游团，只面向散客。

徒步之前，向导给我们进行了培训，内容包括行走时尽量直行，不要绕路踩踏路线周围的植物等。头天晚上的一场大雨加大了徒步的难度，到处是烂泥和水坑。向导每隔一段时间就拍几下手喊几声，让潜伏在林中的

旭岳上的高山湖泊，无风之时，水平如镜

棕熊主动远离人类。他的装备很齐全，身上系了熊铃，还带了防熊喷雾器等以防万一。路线上设置了简易厕所，使用后要自己带走排泄物，向导也带了可以装排泄物的容器。

罗臼湖徒步路线的平均海拔在700米左右，不过由于半岛直面来自西北方向的海风，不耐寒的植物无法生存，所以植物也呈现出明显的垂直分布特征。在这里能看到耐寒的花楸、岳桦、偃松、苔藓和一些在本州海拔3000米以上才有的高山植物，还有一些知床半岛特有的珍稀亚种。我们在徒步小径上邂逅了晒太阳的狐狸，棕熊则在一片湖沼边留下了足迹。向导说，其实我们一直都行走在棕熊的活动范围里，保持人和熊之间的距离，对大家来说都是好事。

在知床的这几天，我们逐渐意识到，在这里旅行或生活的人都是受到知床宝贵资源恩泽的客人，只有野生动植物才是真正的主人，正如当地人所说：我们人类在这里是打扰动植物生活和生长的，要抱着“添麻烦”的心态。

悄声细语等候“深山隐者”

晚上，我们来到罗臼郊外一处毛腿渔鸮的民间观察站。车在距离观察站很远的地方停下，在工作人员的要求下，我们轻轻地关上车门，蹑手蹑脚地走过去，交谈也近乎耳语。

毛腿渔鸮是所有鸮形目中体形最大也最稀有的一种，主要分布在北海道、千岛群岛、库页岛、乌苏里兰、中国的大小兴安岭及长白山地区。它们临溪而渔，被称为“深山隐者”，在俄罗斯和中国东北大陆的深山里极难寻觅其踪，在北海道现存一百多只，其中有数十只在罗臼生息。观察站由一位老奶奶运营，这里几乎是世界范围内唯一可

以稳定看到毛腿渔鸮踪迹的地方，当然，它毕竟是野生动物，看到的概率并不是百分之百。

午夜，一只毛腿渔鸮终于出现在我们眼前，它静静地站在溪流边，等待捕鱼的时机。观察站使用名古屋大学和当地著名生态学者佐藤绅助共同开发的LED照明灯，照着毛腿渔鸮经常出没的一条溪流，以便观鸟者观察、拍摄。经过特殊技术处理的灯光不会对毛腿渔鸮的眼睛造成伤害。

旭岳：诸神游走的花园

离开知床半岛后，我们来到了旭川。天气晴好时，从旭川的街道或富良野和美瑛的田野眺望，总会看到气势雄浑的连绵群山在地平线上起伏。除了盛夏八月，群山白雪皑皑，构成了北海道腹地的脊梁。向深处前行，告别富良野美瑛那片花海和田野的温柔乡，落叶松与白桦、鱼鳞云杉与萨哈林冷杉、岳桦与偃松随着海拔的抬升依次登场，梅花鹿和赤狐在山间穿行，苹果电脑桌面背景中的青池也出现在林间。

这样的风景属于大雪火山群，数十座连绵不绝的活火山合称大雪山系。大雪山这个名字颇有气势，多座火山海拔超过2000米，主峰旭岳更是达到2291米，是北海道的最高峰。大雪山国立公园是日本面积最大的国立公园，南北约63千米，东西约59千米，与神奈川县的面积相当。

旭岳以其一览众山小的高度，成为北半球高纬度地区活火山的生态样板。由于纬度关系，在这里海拔2000米处就可以看到本州海拔3000米以上才能看到的高山植物。徜徉在山地间的野生动物也随着海拔升高而变化，虾夷鼠兔以其既像鼠又似兔的可爱形象成为北海道的吉祥物。旭岳在冬日里严寒冷峻，而到了夏日，外表

在旭岳温泉遇到彩虹

纤弱却生性顽强、只长在顶峰的高山花卉开遍山野，又因为旭岳山顶气象多变，时有落雷和云雾缭绕，如同天神击鼓，波谲云诡中有若神隐，被阿伊努人称为“诸神游走的花园”。

云锁重山，鸟兽深藏

我们来到半山腰的旭岳温泉入住，山上已下了一整天雨。第二天清晨，我们早早醒来，见窗外有微光洒在林间，望向旭岳峰顶的方向却只见一大团厚厚的云层。略感失望之际，山间晨雾弥漫开来，一道彩虹从天而降。太阳从山的那一边升起，艰难地将阳光射过云层，雾气逐渐向地面飘散，森林醒来了。只是乌云依然将峰顶重重包裹，预示着雨水也许还会不期而至。

最终，雾气散去，仅有的一点点阳光也被乌云遮掩，我们不得不放弃乘缆车登顶的计划。但阴天并没有影响我们的兴致，周边有多条林中徒步路线，除了会见到各种高山植物外，还有机会遇到虾夷鼠兔和黑啄木鸟，我们决定碰碰运气。

徒步路线以保护植被为前提，开出的道非常狭窄，几乎仅容一人通行，而踩踏路线以外的地面是被严格禁止的。我们走了几条比较短的路线，雨后的地面泥泞湿滑，越往深处走越难以行进。可能是天气不好的关系，鸟兽们都藏着不愿出来，只闻零星鸟鸣，但能看到很多高山植物，越橘、蓝莓等植物的浆果都熟了，散落在路径两边。

雪落北海道屋脊

就这样，我们在阴雨中等待了两天。第三天早晨终于放晴，一座白茫茫的雪山出现在我们眼前，连续降水让顶峰覆盖了一层积雪，一些自驾来的日本游客禁不住

旭岳是一座活火山，山顶的喷气口常年热气喷涌，让人感受到火山的力量

[TIPS]

1. 旭岳峰顶有几条徒步路线，夏秋两季可徒步前往姿见池（接近旭岳顶峰的一处火山湖），两个小时内可完成；而攀登到旭岳最高点的登山路线，和前往裾合平方向（山间谷地的天然高山花园）的旭岳穿越路线则需要专业的徒步登山装备。
2. 旭岳缆车山麓站旁边是旭岳温泉街，有住宿和日归温泉（只泡温泉不住宿）设施。
3. 冬天可乘坐缆车至姿见站滑雪。

下车眺望北海道屋脊的壮观景色。

旭岳是日本最早可以看到红叶的地方。从旭岳温泉可以徒步到山顶，但峰高林深，还可能有棕熊出没，我们没有预约徒步向导，因此选择从旭岳温泉的山麓站乘坐缆车前往顶峰附近的姿见站。在缆车上可以一窥大雪山垂直分布的植被，下方为针阔叶混交林带，鱼鳞云杉、白桦、花楸是优势树种，随着海拔攀升，岳桦和偃松成为优势树种。

在姿见站下车后，可以看到地面上高山植物丛生，再向上走就是苔原带。白雪、青绿色苔原、黄色火山石，近处有几处依然雄劲有力的火山喷气口，蒸汽升腾形成小片的云朵；向远方望去，包括十胜连峰在内的大雪山系群山巍峨，雪染顶峰，山下则是一片盎然的五彩秋色；几座高山湖泊平整如镜，映出雪山迷人的倒影。两天的苦等换来了诸神的眷顾，虽然最终没有见到虾夷鼠兔的踪影，但我们领略了一年里色彩最丰富的风景，这也是北方大山在步入雪季前留下的最绚烂、最短暂的一瞬。

在北海道，人与自然和谐共生并不是一句空谈，阿伊努人自古以来对自然存有敬畏之心，如今的北海道当地人也抱着“添麻烦”的心态拥抱自然，对自然加以科学保护。这样的北海道，是野生动物的乐土、是高山植物的花园，更是诸神留给凡间的高贵礼物。

自然 [07]

不要辜负好山好水好空气，动起来吧！

撰文 ◎ **骆仪**

如果你热爱大自然，北海道就是你的乐园。无论是运动健将还是普通人、小朋友，都可以找到适合自己的户外活动。

在知床有很大机会看到虾夷梅花鹿

知床 | 雪鞋徒步

知床半岛被誉为日本最后的秘境之一，全年均可通过徒步的方式探索知床五湖。与春夏秋季不同，在冬季，原本不可通行的沼泽地都被封冻且覆盖上了厚厚的积雪，能徒步的范围大了很多。因此，冬天的徒步路线不仅能把五湖全部串联起来，还能直接穿过湖面。在宁静纯白的雪的世界里，就连风声也听不见，只能听到脚踩在雪上的声音，以及偶尔的鸟鸣。连绵的知床连山和知床半岛最高峰罗臼峰近在眼前，你还可以登上展望台眺望断崖和鄂霍次克海的流冰。这片森林里有啄木鸟、虾夷鹿等许多野生动物，向导会引导你观察动物出没的痕迹，甚至是棕熊留在树干上的爪印。

冬季徒步时，向导会提供雪鞋。雪鞋其实并非鞋，而是加在鞋底的铁架子，能增大脚的触地面积，这样你就不会深陷在积雪里。

富良野漂流

[TIPS]

洞窟浮潜 | Ocean Days 积丹支店
地址： 〒046-0201 北海道积丹郡积丹町大字美国町字船澗 50
电话： 0123-25-4133
运营时间： 6 月中下旬至 10 月
价格： 6000 日元
网址： www.ocean-days.com

单人漂流 | Little Tree
地址： 〒079-2131 北海道空知郡南富良野町字金山 400-1
电话： 0167-38-3373
运营时间： 7 月至 8 月
价格： 7500 日元
网址： little-tree.jp

雪鞋徒步 | Shinra
地址：〒099-4354 北海道斜里郡斜里町宇登呂西 187-8
电话： 0152-22-5522
运营时间： 1 月下旬至 3 月下旬
价格： 中学生及成人 6500 日元，不接待小学生
网址： www.shinra.or.jp

积丹 | 青之洞窟浮潜

跟古汉语中的用法一样，“青”在日语中是“蓝”的意思，青之洞窟因迷人的蓝色海水而得名。北海道有好几个青之洞窟，分别位于积丹半岛、小樽和知内。积丹虽然不如小樽有名，却有着壮阔的海景，断壁绝崖延绵不断，湛蓝且透明度很高的海被称为“积丹蓝”。积丹还以鲜美的海胆著称，如果你喜欢探索小众地点，积丹非常值得你安排一日游行程。

在青之洞窟，洞口的海水被阳光照射着，美得炫目，洞内阴凉静谧，更是消暑的好去处。小樽有多家公司提供坐船、漂流、皮划艇等各种探索青之洞窟的体验，而积丹的青之洞窟则提供浮潜体验，更适合喜欢自由戏水的人。

富良野 | 单人漂流

除了众所周知的彩色花田，富良野的森林和河流溪谷也很美，如果你想避开人潮体验与众不同的项目，那就去空知川探索富良野的野性一面吧。你可能已经玩过了众人协力的大皮划艇漂流，这里的单人皮划艇将带给你全新的体验。空知川的河水来自大雪山融化的冰水，其清澈度在北海道首屈一指。上游更是几乎没有人类生活痕迹的原始河川，只见青翠森林与繁茂野草。在大自然的怀抱中顺流而下，时而平静休闲，时而激流勇进，单人皮划艇也比大船更为灵活，一个人的漂流必定十分难忘！

店家提供防水连体干衣和救生衣、头盔等装备，即使翻船掉进河里也可以确保安全。此外，你还可以参加家庭漂流、露营、野餐、溪钓等多种活动。冬天则有雪鞋漫步、雪地野餐、雪橇夜航，甚至漂流等活动。

摩周湖雾凇　许阳摄

[TIPS]

Air Trip | 然别湖自然中心
地址： 〒081-0344 北海道河东郡鹿追町北瓜幕
电话： 0156-69-8181
运营时间： 夏秋两季
价格： 5500 日元
网址： www.nature-center.jp

粉色雾凇 | 株式会社ツーリズムてしかが（tsurizumu teshikaga）
地址： 〒088-3465 北海道川上郡弟子屈町川汤温泉1丁目2-30 川汤观光ホテル内
电话： 015-483-2101
运营时间： 12月下旬至次年2月
价格： 中学生及大人3500日元，小学生2500日元，学龄前儿童500日元
网址： tourism-teshikaga.co.jp

函馆马拉松
时间： 7月初，具体日期参见官网
报名费： 半马5000日元，全马9000日元
网址： hakodate-marathon.jp

带广 | Air Trip

然别湖隶属于日本最大的国立公园大雪山国立公园，环绕湖畔的原生林物种丰富，还被日本苔藓协会评定为“日本贵重苔藓森林”。这个Air Trip并不只是刺激的丛林飞越体验，还是一次在专业向导带领下进行的自然观察徒步。全程约两个小时的徒步路线巧妙结合玩乐与观察，登上15米的高架，进行几段丛林飞越和空中漫步，你将以异于平日的高空视角观察立体森林，观赏稀有植物和动物活动的痕迹，这也正是那些在森林高处活动的生物（飞鸟、鼯鼠和爬虫等）的视角。

路线的空中移动距离为700米，最高时速为40千米。不用担心，除了向导全程引导之外，飞越时还有两名工作人员分别在起点和终点进行保护，甚至贴心提供能挂在腰上的相机包，解放你的双手。

此外，然别湖自然中心还提供独木舟、原生林徒步、苔藓森林徒步、观星等多种体验活动。

摩周湖 | 观粉色雾凇

摩周湖是火山口湖，它是全日本透明度最高的湖泊，因为完全没有河流汇入或流出，湖面波平如镜、静谧蔚蓝，有“摩周蓝”的美誉。但湖面上空常年雾气缭绕，难见其真容。当地甚至传说，如果单身者看到湖面就会晚婚，如果情侣一起看到就会分手——欢迎来这里测试真爱。

仲冬时节，海拔500米的摩周湖第一展望台的气温降到-20℃以下，雾气在树枝上冷却凝结，出现了玉树琼枝的雾凇景观。清晨日出时分，朝阳把雾凇染成粉色，映衬着湖面的摩周蓝，实在是人间仙境。

如果你在夏天到来，则可以观看壮丽的云海。摩周湖位于国立公园内，极少有光污染，拥有360度开阔视角，全年都是极佳的观星地。总之，你在任何季节的任何时间到来，神秘的摩周湖都不会让你失望。美景当前，就把那个单身魔咒抛到脑后吧！

函馆 | 函馆马拉松

这大概是日本乃至全球最美味的马拉松之一，名为跑马，实际是奔着美食去的。函馆马拉松是函馆的年度体育盛事，市民不仅全家出动为跑者加油，甚至还会提供私家补给。

海鲜丼、干扇贝饭、墨鱼仔、夕张蜜瓜、函馆冷盐拉面、抹茶巧克力、五胜手屋羊羹、驰名伴手礼蛋奶酥、函馆千秋庵总本家的迷你紫薯豆沙饼……你将纠结于跑出好成绩还是多吃点北海道特色美食——忘了PB（Personal Best，个人最佳成绩）吧，美食当前，不可辜负！终点还特别设有“款待广场”，所有完赛的跑者都可以大快朵颐。

除了补给丰富、美味，函馆马拉松路线的风景也不逊色，有山有水，有海有桥，北国天气凉爽，也适合跑马。跑完后，你可以去欣赏属于“日本三大夜景”之一的函馆夜景，再去泡个海边温泉，相当完美。

北海道开拓史

撰文 ◎ **陈思吟**

2019年是探险家与地理学者松浦武四郎为北海道命名150周年。相比夏季的花海和冬日的雪原，北海道的厚重历史则不太为人所知。

函馆建筑有着浓郁的西洋风情　许阳摄

阿伊努族文化

北海道是日本47个都道府县中唯一的“道”，其面积却相当于东北六县加新潟县面积的总和。阿伊努族人生活在这片被称为“虾夷地”的极北之地，以渔猎为生，直至江户时代，整个北海道都维持着阿伊努族独特的原住民文化。倘若你对迥异于大和文化的阿伊努族文化感兴趣，可以拜访札幌阿伊努族文化交流中心、网走北方民族博物馆与阿寒湖阿伊努村。

函馆开港

15世纪，大和人逐渐迁往北海道，与原住民阿伊努族间的纷争随之不断激化。蛎崎庆广对阿伊努族实施镇压之后，丰臣秀吉认可蛎崎家为“虾夷岛主”。后来德川家康统一日本，“虾夷地”被划归松前藩管辖。幕末，日本结束闭关锁国，函馆成为通商口岸。教堂、五棱郭城堡、红砖仓库……直到现在，我们依然能看到西洋文明带给函馆的巨变。

北海道拓荒

箱馆战争[1]结束后，明治新政府将“虾夷地”改名为“北海道”，并设置了开拓使一职，北海道的中心也渐渐地由函馆移至札幌。

北海道的拓荒之路从原始森林开始，人们砍伐森林，开垦农田，开辟道路。北海道独有的“屯田兵”制度为拓荒提供了大量的人力，屯田兵平时以务农为主，有需要时他们也会处理军务。囚犯也承担着开拓北海道的重任，为了建设连接道央与鄂霍次克地区的道路，上千名囚徒被送往网走，网走监狱博物馆（见第80页）正

※ **注释**

1. 箱馆战争：发生于1868年至1869年，以虾夷（今北海道）为主要战场。

北海道屯田兵 彭振制图

是这段黑色记忆的见证者。

北海道的拓荒虽历经艰辛，却终有回报。连美国农业专家克拉克博士都曾断言北海道不适合种植大米，但日本农学家中山久藏研发出了耐寒的大米，为北海道的农业发展奠定了基础。北海道现已成为日本稻田面积与大米产量最高的地区，是当之无愧的“日本粮仓”。

拓荒时代已经远去，现在，当地民众以甜蜜的方式纪念这段历史。带广的老牌甜品店六花亭有一款名为“一口锅”的红豆馅和果子，外形如锅，旨在纪念最早开垦带广的依田勉三，其名言为“开垦始于猪与一口锅”。北见和果子店“铭果处宝屋”制作的“屯田羊羹”，也曾获日本全国果子大博览会荣誉大奖。

青函隧道

北海道与青森县隔津轻海峡相望，连络船穿起了北海道与本州的经济联系。1954年的一场台风使得从青森前往函馆的连络船“洞爷丸”号沉没，千人遇难，日本人终于决定建一条海底隧道避免灾难再次发生。

从主隧道正式动工到1988年全面贯通，青函隧道历时多年才最终建成。位于海面以下240米、长达53.85千米的青函隧道仍是世界上最长的海底隧道。而2016年3月26日通车的北海道新干线也经过青函隧道，结束了北海道没有新干线的历史。目前，北海道新干线仅开通至新函馆北斗，预计到2031年，乘客就可搭乘新干线从东京直达札幌。

札幌冬奥会

札幌是日本为数不多保有路面电车的城市。但在经济高速发展的20世纪60年代，路面电车不堪重负（尤其是在冬季积雪期）。1972年，冬奥会第一次来到亚洲，举办地就在札幌。为了连接市中心与各项目比赛地，札幌决定修建地铁。札幌冬奥会的举办使得这座北海道第一大城市的国际知名度迅速提升，三菱汽车甚至在北美推出了一款名为札幌（Sapporo）的车型。

在网走监狱，掉下的眼泪都会结冰

撰文、摄影 ◎ **骆仪**　资料翻译 ◎ **万金智**　插画 ◎ **淑明**

参观日本唯一一家监狱博物馆，吃牢饭、穿囚衣、做苦工，珍惜自由的滋味。

供游客体验的牢饭

“牢饭还真是出乎意料地好吃哩。”

“很好吃吧！因为用的是大锅子。比起一般小家庭的饭菜好吃多了。”

……

那里的腌萝卜真是美味。

或许正逢流冰冰封鄂霍次克海的严寒时期，那腌萝卜嚼起来特别清脆。

仔细一看，小片冰晶闪闪发亮，很像雪国吃的混着冰屑的野泽菜。

——妹尾河童《边走边啃腌萝卜》

牢房：囚犯看不到走廊，狱警却能一眼看见里面

20世纪80年代，日本绘本作家妹尾河童走访北至北海道、南至鹿儿岛的多个城市村庄，尝遍日本人日常饮食中不可或缺的腌萝卜，借小小腌萝卜写出各地风情，其中让我印象最深的便是网走监狱这一篇。监狱牢饭配的腌萝卜大概是25克。“讨厌腌萝卜或不想吃的人留着也无妨，但多出来的不能给别人。当然也不准向别人要。即使是一小块腌萝卜，也不许有借贷或赠予的情形，以防止受刑人之间形成权力关系。”连多吃一块腌萝卜的欲望都得不到满足，失去自由的滋味就是这样，而妹尾河童一口气吃了三人份。

此后，提起北海道，别人的第一反应多半是因电影《情书》而火的小樽和繁花烂漫的富良野，而我最向往的却是那座地处偏远的监狱，以及有腌萝卜的牢饭。

“因食物而生的怨恨之心是很可怕的”

来到天都山腹地的网走监狱博物馆，我等不及“入狱”就直奔饭堂。自动购票机上有近二十种选择，其中牢饭有两种——牢饭A：烤秋刀鱼、焖腌萝卜丝、沙拉、味噌汤、米麦饭，720日元；牢饭B：烤鄂霍次克鲭鱼、焖款冬、山药和紫菜、味噌汤、米麦饭，820日元。除了番茶换成味噌汤之外，

※ **注释**

1. 网走刑务所：最早称“钏路监狱署网走囚徒外役所”，后曾用名“网走囚徒宿泊所”“钏路集治监网走分监”“北海道集治监网走分监”“网走监狱”等，1922年改名“网走刑务所”并使用至今。

网走监狱博物馆正门

哨所

这两种牢饭就是现实中网走监狱午饭的原样复制。

米麦饭是牢饭的特色之一，它将小麦和大米混合在一起，明治时期小麦和大米的比例是6 ∶ 4，所以人们用“六四寄场”指代监狱。如今的比例是3 ∶ 7，营养师还会计算卡路里，以此搭配制定菜单。不过，牢饭里为什么没有日本菜里最常见的味噌汤呢？这个谜到后来才被解开。

此外还有鱼子盖饭和“网走监狱和牛”肉糜饭。网走监狱和牛由监狱犯人饲养，2015年开始作为独立品牌在附近的商店出售，曾获评最高等级A5和牛。但我还是抵制住了A5和牛的诱惑，坚定地选择了含腌萝卜的牢饭A。

牢饭的味道嘛，说不上有多惊艳，腌萝卜也没给我留下多深刻的印象，但绝对不比外面快餐店的水准差，而且荤素搭配、营养均衡。当年的牢饭曾有“臭饭”之称，并不是饭本身很臭，而是因为在房间角落里有便盆，饭菜香都被臭味掩盖了。如今的牢房内设有冲水马桶，不会影响用餐心情。正如妹尾河童在书中写到的，日本监狱最注重伙食，口味、温度、分量等都得相当留意，因为“因食物而生的怨恨之心是很可怕的”。

没有视觉死角的牢房

吃过牢饭就该入狱了！网走监狱博物馆的正门立着两尊人像，积雪已埋没了他们的半截小腿。右边是狱警，左边是握着扫帚、身材瘦小的囚犯，此人大有来头，我且按下不表。

穿过正门，从此身陷囹圄。在这个晴朗的冬日里，监狱的户外温度计显示-5℃，不知道是山上风大还是监狱气氛所致，我感觉自己如坠冰窟，牢饭提供的热量远远不足以抵御侵入骨髓的寒气。大雪覆盖的山腰上散布着多栋平房，最显眼的是高高矗立的监视塔，在这种“千山鸟飞绝，万径人踪灭”的荒郊野岭，就算能逃出去也无法存活吧！妹尾河童来访时，他乘坐的吉普车突遇暴风雪围困，引擎结冰，车内气温骤降到零下，这位走遍世界的著名作家险些就此冻毙。

历史可追溯至明治二十三年（1890年）的网走刑务所[1]是日本最古老的木造监狱建筑。1973年，网走刑务所整体重建，民间呼吁保存明治时期的监狱建筑，筹集到超过9亿日元，得以将多栋建筑文物迁移到天都山复原。1983年，网走监狱博物馆正式开馆，它也是日本迄今唯一一座监狱博物馆，占地面积相当于3.5个东京巨蛋体育馆，官署、二见冈监狱分所、牢房及中央看守所、教诲堂等四座迁移复原的建筑被列为日本重要文物。而博物馆原型位于三眺山东侧，仍是一座使用中的监狱。

明治时代，日本全面西化，就连监狱官署也是和洋折中风格，从屋顶的尖顶和半圆拱窗到外墙的尖拱形格子窗和室内的枝形吊灯，都带有浓浓的西洋风情。不过，网走监狱最令人惊叹的建筑还是牢房。这座从1912年到1984年间使用的牢房模仿比利时鲁汶监狱建造而成，五

牢房房梁高挑，采光良好，色调沉稳，颇具建筑美感

犯人野外劳作时的移动监狱

牢房的中央监视哨所没有视觉死角

昔日犯人每 5 天或 10 天才能泡一次澡

囚犯开拓的北海道

囚犯开凿的道路总距离
724 千米

囚犯开垦的土地总面积
17 000 000 平方米

囚犯兴建的屯田兵村兵屋总数
1474 栋

排牢房呈放射状延伸，放射线中央是一间八角形中央监视哨所，这是没有视觉死角的巧妙设计，五条走廊里出现任何动静，在哨所里的看守人员都能看得一清二楚。

这里共设有226间牢房，其中包括约一百间4.95平方米的单人牢房。走廊铺有红色地砖，牢房铺有木地板，高挑的房梁为钢结构，还有走廊天窗采光。比起我在俄罗斯参观过的政治犯监狱，网走监狱的牢房确实颇具建筑美感，我一边赞叹一边瑟瑟发抖——尽管走廊里有一台暖炉，但牢房还是太阴冷了！

牢房的木门上有带铁条的监视孔，下方是送餐口。房门两边各有一排平行竖木条，让我联想到京都传统町屋的格子窗，而“网走监狱式格子窗”的断面呈平行四边形或“<”形，独特的造型使得里面的囚犯看不到走廊，狱警却能一眼看见里面。

犯人尸骨铺就的中央道路

在明治时代的网走监狱服刑是怎样一种体验？犯错的人会被关进惩罚房，小屋外面加盖木栅栏，屋里一丝光线也没有，犯人在这里度秒如年。而最美好的时刻大概是泡澡时，夏天泡冷水，每5天一回，秋冬春季泡热水，每10天一回，到现在已经加密到全年117回，平均3天就能泡一回。

比寒冷、吃不饱、失去自由更悲惨的是野外劳作。这要从网走监狱的创立说起。

明治维新时期，政府出台了废藩置县等政令，引起士族不满，国内动乱不断，监狱爆满。于是政府决定将政治犯发配北海道，月形町、空知与钏路相继建了监狱。南下寻找不冻港的沙俄让明治政府颇感威胁，开拓不毛之地北海道迫在眉睫，急需快速建设道路运输人和物资。太政官大书记官金子坚太郎提出“妙计”：用犯人充当劳力，不仅可以降低工程费用，而且如果犯人服苦役而死，还能节省监狱开支，一举两得。

冬季的惩罚房

明治二十三年（1890年），官吏来到人口仅有631人的小渔村网走，登上山坡，决定在此建造监狱。仅这一年，就有1200名重刑犯被押送到这里，给自己盖监狱。

第二代北海道长官永山武次郎下了严令，修筑网走至钏路长达220千米、纵贯原始森林的中央公路，工期仅8个月，其工程量是常规的4倍。囚犯到野外劳作，无法当日来回时，就待在临时小屋里过夜。在这样的“移动监狱”里，囚犯并排枕在一段圆形原木上，清晨，看守一敲木头，所有人都会被惊醒。为了防止越狱，囚犯在劳动时也要戴着沉重的脚镣。因为不分昼夜地高强度工作、食物及营养不足、恶劣的卫生环境等，囚犯不断死去。在中央道路的工程中，死去的囚犯多达211人，平均每千米就有1人丧命，因此这条道路也被称为“囚人道路”。

如今，网走刑务所的服刑条件已经大大改善了，犯人吃得饱、吃得健康，菜单会根据季节更换，牢房里还有电视。小泉今日子、满岛光、菅野美穗等一众女星主演的2017年秋季大热日剧《监狱的公主大人》中的牢房就跟网走刑务所十分相似。犯人不再需要冒着生命危险修路，而是在农场和工场劳动，学习农业技术和手艺。妹尾河童写道，受刑者有大量时间在辽阔的农田和山林里自由作业，无人监管，这种松散的制度在日本监狱中十分罕见。网走刑务所是日本农产品产量最大的监狱以及日本全国监狱粮食供给基地，牢饭来自自有农场，食材够新鲜！

博物馆正门外的五寸钉寅吉塑像

[TIPS]

网走监狱博物馆

门票： 成人 1080 日元，大学生、高中生 750 日元，中小学生 540 日元（官网可下载 9 折优惠券）

开放时间： 5 月至 9 月 8:30—18:00，10 月至次年 4 月 9:00—17:00，闭馆前 1 个小时停止进馆

地址： 〒099-2421 北海道网走市字呼人 1-1

电话： 0152-45-2411

网址： www.kangoku.jp

提醒： 请勿跟使用中的监狱网走刑务所（Abashiri Prison）混淆，监狱位于河边的三眺神社旁，而网走监狱博物馆（Abashiri Prison Museum）位于山上

令人惊叹的天才越狱王

白鸟：利用味噌汤越狱

网走监狱曾经是著名的重刑犯监狱，关押过宫本显治等多名政治犯和伊藤一等作家。伊藤一是何许人？他将自己的牢狱生涯写成小说《网走番外地》，根据其改编的电影成就了一代“男神”高仓健。不过，从传奇色彩的角度来说，这些名人都比不上两位越狱王白鸟由荣和“五寸钉寅吉”，他们分别成功越狱多达四次和六次！

要说昭和时代的天才越狱王，白鸟由荣当之无愧，以其为主角原型的越狱小说就有好几本。据说，他越狱的秘诀在于精密的计算、大胆果断的执行力、超人般的体能以及高明的读心术，他一天能走120千米，曾用怪力一下弄开四副手铐。当白鸟被移送到“难以攻陷的网走监狱”时，他已经犯下杀人罪10年、有过两次成功越狱的记录。因此，在网走监狱时，他的双手被重达20千克的手铐牢牢地铐在背后，脚上也有脚镣，由狱警重重监视着，但半年后，他还是跑了。

越狱的关键工具竟然是味噌汤！白鸟每天在视察孔的螺丝上浇上味噌汤，让盐分慢慢地腐蚀螺丝。这正是网走监狱的牢饭里没有味噌汤的原因。越狱时，白鸟拔出了工厂烟囱的圆木支柱，竖放在围墙前，借此翻越了高达4.5米的砖墙。

寅吉：脚踩五寸钉逃亡

白鸟由荣的越狱已经足够惊人，但未能打破“明治越狱王”五寸钉寅吉的“成绩”。五寸钉寅吉本名西川寅吉，14岁那年，叔父因在赌场作弊暴露而遭杀害，他不仅杀了赌场首领和其手下四人，还一把火烧了赌场。被判无期徒刑后，西川在同伙和狱友的帮助下实现首次越狱。尽管没多久就被抓了回去，但他再次越狱，在赌场四处流浪寻找仇家，还能靠赌博赢来的钱维持生计。被秋田刑务所收监以后，西川也没有放弃复仇计划，第三次越狱。被警察追捕时，他的脚板被长达五寸（15厘米）的铁钉扎破，竟然还逃了12千米才被逮住，从此被称为“五寸钉寅吉”。

被送到桦户重刑犯监狱后，五寸钉寅吉又在敬畏他的囚犯的帮助下，来来回回三次越狱。越狱期间他神出鬼没，盗取富豪钱财赌博，又往开拓土地的贫困农民家里扔钱，被人们奉为义盗，全国闻名。

1901年，年近六旬的寅吉被移送到网走监狱，他竟洗心革面，摇身变为模范犯人，甚至在1909年监狱大火时都没有借机逃跑。他成为1200名犯人的头儿，做勤杂工时不仅不会被监视，还能自由地走到围墙外的镜桥桥头。如今监狱博物馆将寅吉的塑像立在监狱大门外，全身没有镣铐的塑像，就是这段历史的真实写照。

1924年，曾经“刑期比命还长”的寅吉被减刑释放。71岁的寅吉应一群民间艺人邀请，组建“五寸钉寅吉剧团”进行全国巡演，最后回到故乡三重县平静离世，享年87岁。如今，博物馆制作了一部有趣的动画短片《五寸钉寅吉的独角戏》，由寅吉讲述了自己戏剧性的一生。

知道这些让你的“监狱之旅”更酷！

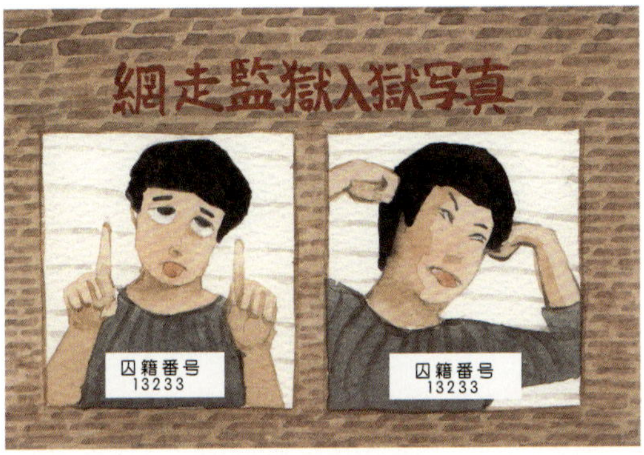

入狱照

吃过牢饭，你还可以在自动照相机上拍一张正脸加侧脸的“入狱照”，穿上橘色囚服加入犯人行列，甚至套上沉重的脚镣体验当年在野外劳作的囚犯之痛苦。

“我要回网走”

昭和时期，人们常常用“我要回网走”这句话表达不满乃至恐吓。受影视剧的影响，网走在大众心目中是个穷凶极恶者的聚集地，要回网走的自然不是什么好人。实际上，网走监狱从昭和四十四年（1969年）起就没有重刑犯了，主要收治刑期在八年以下的犯人。

监狱的门牌能防盗？

“网走监狱的门牌能防小偷”的说法广为流传，因此经常被偷走。其实不仅是监狱的门牌，就连网走车站的站牌也经常被盯上。相信一块会被偷走的门牌能防盗，这是怎样的神逻辑呢？

周边产品

博物馆商店销售的监狱周边产品非常有趣。各式黑底T恤上用醒目的白色大字写着：“指名手配中”（通缉中）、“網走帰り”（我要回网走）、“執行猶予”（缓刑）、“只今脱獄中”（现在越狱中）、“極悪囚”（极恶囚犯）、“常習犯”（惯犯）、“容疑者”（嫌疑人）等。此外，从冰箱贴、钥匙扣、手机套、零钱包到各种零食，无一不是监狱主题，其中部分产品出自网走刑务所服刑犯之手。你可以买个手机套“日日反省、一生悬命”，送朋友一份“出狱仙贝”，再来一瓶黑色的“监极之黑”啤酒开怀畅饮。

最后的蒸汽机车驶过雪原

撰文 ◎ 骆仪　　摄影 ◎ 骆仪、许阳

忘记新干线、忘记赶路，乘坐仅在全年少数日期运行的限定列车，慢速欣赏北国风景吧。

湿原号车标（2016 年）

行色匆匆
让生命显得短暂

神闲气定
才能走长远路

“冬日三宝”硕果仅存

总觉得，乘火车漫游北海道的无垠大地，看窗外如文艺片长镜头般无限延展的风景，才是最能感受北国浩瀚的旅行方式。随着2016年北海道新干线通车，有着一百多年历史的北海道铁路进入新篇章，高仓健《铁道员》的年代渐行渐远，古早列车相继谢幕，火车迷们也在跟时间奔跑，想要抓住它们最后的身影。

在铁道迷心目中，JR北海道曾经有“冬日三宝”：从札幌到网走的“流冰特急鄂霍次克之风号”，从网走到知床斜里的Norokko（小火车）“流冰慢车号”和从钏路到标茶的“SL冬之湿原号”。这三列冬季限定列车仅在某些日期运行，穿越北海道的森林、山川和湿原，抵达大海和流冰。许多铁道迷不惜一次次前往北海道，在寒风中蹲守，只为抓拍列车在雪原上奔驰的画面。

然而，最近几年，两趟流冰号先后停运，流冰慢车号由崭新的流冰物语号取代（见第47页），SL湿原号硕果仅存。“SL”是蒸汽机车（steam locomotive）的缩写，在这个子弹列车日渐成为主流的时代里，“SL新雪谷号”“SL函馆大沼号”“SL函馆梦幻圣诞号”均于2014年谢幕，SL湿原号已是北海道最后一列还在运营的蒸汽机车。不管别人日行千里，它依然吭哧吭哧地慢驶着，喷出浓浓白烟，在日本最大的湿地上，用嘹亮的汽笛彰显旧时代最后的荣光。

浓浓的古早味

一辆复古机车在银装素裹的雪林间奔跑，车顶白烟笼罩，轮下积雪飞溅，无论是有冬雪情结还是火车情结的人，看到这样的照片都会一下子被击中，其中也包括我。于是，我选择依据湿原号运行的日子计划行程，早早订票，最终来到湿原号的起点钏路站。

我即将搭乘的这趟车，车头为大红色，车身为深茶色，车身上的车标写着“钏

在宁静的冬雪大地，湿原号吭哧吭哧跑着，喷出浓浓白烟

在宁静的冬雪大地，湿原号吭哧吭哧跑着，喷出浓浓白烟　盐博文摄

列车长和蒸汽机车驾驶室

每年不同的湿原号车标

钏路站站台

窗外是
连绵无尽的雪原
和枯黄的芦苇

要说有多美
也不见得

但就是想
一直看着

路—标茶，SL冬之湿原号，指定席”，还画有几只展翅的丹顶鹤。这个车标每年都不一样，有些骨灰级的火车迷每年都来拍，收集到多个版本，很有成就感。

车厢内部也有两块磨砂玻璃窗上画了体态舒展的丹顶鹤。车厢的墙壁和座椅以茶色为主色调，从椅背扶手到窗帘杆、窗帘钩、行李架支架，都被涂成了黄铜色，加上磨砂玻璃灯罩和摇头吊扇，复古气息很浓。明明是观光作用代替了载客，却因为整体风格和谐美观、细节设计到位，价格还跟非限定列车一样，不会让人有“就想挣游客钱”的感受。

最为乘客津津乐道的是，车厢里还有一个连通着烟囱的烤炉。列车员刚用小铲子往炉子里添了些煤球。暖炉曾经是北国火车的“标配”，如今随着列车更新换代，它也成了难得的景象。我从车厢一角的咖啡角买来一大片鱿鱼干，撕成细条，放在架子上，得烤上好一会儿，在蒸汽机车上，什么都急不得。等待的时候，可以到咖啡角选购限定周边纪念品，吃个本车限定的便当，或是来一瓶玻璃瓶的古早酸奶、一罐北海道限定啤酒……待列车员来派发“乘车证明书”（每年的版本都不一样）时，有“收集限定强迫症”的人终于心满意足了。

时速仅新干线的十分之一

湿原号在钏路和标茶之间行驶，这一段路仅48千米，它要走约一个半小时，平均时速为32千米，是东北新干线（东京—新青森）的十分之一。不只行走速度比这段铁路上的常规列车慢，它的停站时间也更长。由于是单轨铁路，抵达标茶后

戴列车员帽子的小朋友

[TIPS]

1. SL 冬之湿原号在每年 1 月底到 2 月底间的部分日期运行，具体请查看 JR 官网。运行日里每天仅来回各一趟，钏路—标茶 11:05—12:35，标茶—钏路 14:00—15:40，全车指定席，单程票价为 1890 日元，儿童半价。车票紧俏，请尽早预订。网址：www.eki-net.com。

2. 茅沼站的历代站长给丹顶鹤喂食饲料，冬季时，几乎每天都能在铁路附近看到几只丹顶鹤。车站门上挂着“鹤来站”的牌子。

3. 拍摄湿原号的地点，除了塘路 Sarbo 展望台可步行抵达，钏路川铁桥对面、茅沼站附近、五十石站、钏路湿原站附近等均需包车前往。

没法掉转车头，所以回程是牵引机车在车尾推着列车逆向行进，但反正车速很慢，总还算推得动。

正如冲绳歌姬夏川里美唱的：“行色匆匆让生命显得短暂，神闲气定才能走长远路。”[1] 高铁属于商务人士，窗外风景飞驰而过，就像没时间或没耐心的人快进看电影；越慢的火车越适合看风景，仿佛节奏缓慢的文艺片，出个神打个盹，醒来接着看也不影响理解剧情。窗外是连绵无尽的雪原和枯黄的芦苇，色彩单调，要说有多美也不见得，但就是想一直看着，任思绪自由飘散、任视线飞向天边，心情变得跟湿原一样平和。

塘路站到了，列车员也在这里给火车加水、加煤。在蒸汽机车时代，铁路公司有专职的火夫，他们要经过一项测试才能被录用：单手铲煤，每铲为1千克煤炭，要在7分20秒内将200铲煤炭送进火炉。如此依赖人力的交通工具被内燃机车取代是必然的，但它在新时代里被赋予了独特的审美价值。

站台上，一个小男孩戴着铁道员的帽子，朝着即将启动的列车挥手，稚嫩的童声喊着“Byebye——”，小小年纪的他大概没看过高仓健的电影，但一样有火车情结。

在塘路站而非终点站下车，是为了爬上车站附近的Sarbo展望台拍全景。展望台所在的整座山岭覆盖着厚厚的积雪，荒无人烟，倒是偶尔能看到虾夷鹿在林间闪现。爬雪山到顶，站上木架展望台，宽广的湿原尽收眼底。从湿原和冰封的塘路湖之间穿过的公路细如筷子，世界寂静，默默等待着下一趟火车的到来。

火车从出现到消失不到一分钟，为此要花费一两个小时跋涉，山顶寒风吹袭，无处可躲，也只有铁道迷才会做这种“傻事”。

※ **注释**

1. 出自《爱哟，爱哟》，原文为：“急いで行けば、短い命。のんびり行けば、長い道のり。”

限定列车，限定风景

Norokko湿原号

同是穿越湿原的限定列车，Norokko湿原号的运行历史比SL湿原号还要长11年，2019年正是它运行30周年纪念。Norokko湿原号每年6月至10月初在钏路至塘路之间行驶，其中6月至9月每天往返两趟，10月每天往返一趟，单程540日元，指定席520日元，儿童半价。1号车是普通客车车厢，自由席。2号车至4号车是展望车厢，指定席，有面对窗口的竖排座椅。

富良野·美瑛Norokko号

专为道央赏花而开通的观光慢车，每年7月至9月部分日期在旭川、富良野和美瑛之间运行。乘客在车上就能欣赏到漫山遍野的薰衣草，途中特别经停薰衣草花田站（富田农场），方便乘客赏花。另有7月1日至8月12日间运行的富良野·美瑛号快车，同样经停薰衣草花田站。

从“爱的国度”走向“幸福”

一些已经废弃的铁路依然有着很高的人气，如广尾线（带广—广尾）上的“爱国站”和“幸福站”，就吸引了许多情侣前去朝圣。1973年3月，NHK电视台以“带广，去往幸福之旅”为主题介绍了幸福站，次年，歌手芹洋子的歌曲《从爱的国度走向幸福》更带动了爱国—幸福车票的热卖。广尾线停运后，车票被制成纪念品出售，还印着“从发售日起永久有效，途中禁止下车”等字样，票面粉粉的，十分讨喜。如今幸福站保留着铁轨、车厢、站台和候车亭等，有一位老奶奶在此销售各种限定纪念品。情侣们在车票上写上名字，钉在幸福站的候车亭小木屋里，墙里墙外密密麻麻地钉了好几层。还有情侣来这里拍婚纱照，一起敲响“幸福之钟”。

幸福站原候车亭

幸福站

幸福站原候车亭内贴满许愿车票

北海道米其林，很亲民

撰文、摄影 ◎ **叶酱**

全地产食材的高级料理，是北海道的自信。

札幌一星法餐 Lien 的主菜烤鹿肉

三星法餐 Molière 的温野菜　周游霓虹摄

札幌一星法餐 Lien 的樱鳟番茄酱汁烤蜜柑　周游霓虹摄

漫步北海道的日子里，我说过太多次“多谢款待”。这句话一半要送给餐厅和料理职人，另一半则要送给当地的好食材。

借助得天独厚的地理环境，北海道的好食材数不胜数。优质土豆造就了火爆到断货的薯条三兄弟；优质牛奶则生产出LeTao芝士蛋糕、Royce'生巧克力等网红甜品；海鲜就更不用说了，完美的一天，应当从“丧心病狂”的海胆鱼子盖饭开始，到蟹料理大餐结束。相比京都严肃拘谨的怀石料亭、东京一位难求的人气寿司店，北海道的高级餐厅可谓亲民至极。无论价位还是预约难度，都不会让你大伤脑筋，安排起行程来也可以更随性一些。

性价比超高的法餐

目前北海道共发布了两期米其林指南，在最新的2017年的列表中，有76家餐厅摘得星星，其中三星餐厅包括花小路泽田（花小路さわ田，怀石料理）、寿司宫川（すし宮川，寿司）、Molière（法国料理）三家。一星餐厅中还有主打蟹料理的活蟹の花咲和不少荞麦面店及创意西餐。

北海道的法餐性价比很高，看看Molière餐厅的菜单就知道了。8道式午市短菜单，只需4600日元（约合人民币300元），而最贵的晚市菜单是16000日元（约合人民币1040元）。放在巴黎，别说三星，这样的价格大概只够去个普通的小酒馆。但这里的食材一点不马虎，厚岸牡蛎、十胜牛、望来猪肉、滝川合鸭、松前鲍……尽可能使用本土的优质食材进行创作是多数日式法餐厅的核心理念，更别说老天爷赏饭吃的北海道了。

当然，北海道也不乏景致迷人、昂贵精细的法餐厅，譬如洞爷湖畔温莎酒店半空中的Michel Bras Toya Japon，它是法国名店Michel Bras的全球唯一分店，采用当地合约农场出产的花草蔬果，重现了本店如画般美丽的经典料理Gargouillou[1]。

※ 注释

1.Gargouillou：由当季时蔬、野花组成，注重色彩搭配与美感，不同季节选用的食材也有所区别。

毛蟹肉

金枪鱼中腩配樱叶生姜

马粪海胆和味噌茄子

[TIPS]

花小路泽田
地址： 北海道札幌市中央区南7条西4丁目プラザ7・4浅井ビル3F
电话： 011-562-0088
营业时间： 17:30—22:00（周日及节假日休息）
网址： hanakoji-sawada.com
价格： 人均10000—15000日元

Molière
地址： 北海道札幌市中央区宫ケ丘2-1-1 ラファイエット宮ヶ丘1F
电话： 011-631-3155
营业时间： 11:30—14:00，17:30—20:00
网址： www.sapporo-moliere.com
价格： 午餐4600—12400日元；晚餐9900—16000日元

淳朴豪爽的怀石

在东京，只要舍得花钱，你就能轻易享用到来自全日本的顶尖食材，那是一场与金钱赛跑的游戏；而在北海道，餐厅更看重“地产地销”，这里面带有一点骄傲的意味——我们的物产多丰富、多受大自然眷顾啊！新晋的三星怀石料理“花小路泽田”就非常有代表性，它提供专门的“道产料理”，即全部用北海道当地产的食材烹制而成的料理，分为10000日元、12000日元及15000日元三个价位。而京都的三星怀石晚餐至少人均2万日元，更别说4万起跳的吉兆岚山了。

抵达时，我刚好碰到老板娘送客出门，她并不一味地像京都怀石料理的女将那般沉默鞠躬，而是大笑着说“今天喝多了吧，走好哦，下次再来吃”之类，热络得好像亲戚串门。女将身穿和服，优雅得体，发现我会说日语之后，她明显大大松了一口气。北海道虽然游客多，但并没有那么国际化，不少餐厅害怕接待外国人，网走一家米其林餐厅的老板娘曾对我直言：“一句英文都不会，怕是会怠慢客人啊。”

没有开胃酒，直接上八寸。毫不张扬，简简单单三品，甘鲷粽寿司、煮鲍鱼、鳕鱼白子。鲍鱼柔软甘甜却有力量，白子一如既往与日本酒绝配，开场就让人好感度爆棚。

北海道出产三大名蟹——鳕场蟹、毛蟹及松叶蟹。这一道料理用上了毛蟹，腿肉仔细剥出，蟹肉丝混合蟹黄，再挤上柠檬汁升级成3.0版本。海蟹的美味需要点化，几滴醋，脱胎换骨。

高潮迭起，接下来是以假乱真的“军舰寿司”，黑色圆柱形“军舰”其实是茄

※ **注释**

1. 椀物： 指使用当季蔬菜或鱼贝制作的汤料理。

小樽群来膳，捏寿司的料理师傅

子，上面抹一层白味噌，再加上根室产的新鲜马粪海胆，三种不同的甜味在口腔内形成了一个旋涡。

几场大起大落的味觉冲击后，该来一碗清澈的高汤了。六线鱼做椀物[1]，熟悉的花椒叶香味若隐若现，蕨菜则是春的气息，那种化有形为无形的舒润感，正是高汤的魅力所在。

全海鲜宴固然好，但主食前来一点和牛的油水做调节，可以补充味蕾的平衡性。富良野产的和牛里脊加上洋葱，做成近似寿喜烧的口味，但没有京都风味的甜腻，仍旧"牛味"十足。

主食有店里自制的十割荞麦面和鲷鱼饭两种选择，家常、温暖，一顿饭吃下来，浑身通透且自在。"花小路泽田"从头到尾都是风平浪静的，不炫技、不矫饰，料理也是淳朴本分但心意十足。

预约友好的寿司

寿司爱好者眼中的北海道，又是怎样一幅光景呢？

大家都知道，东京寿司界就像硝烟弥漫的修罗场，预订困难重重不说，若非熟客，吃饭的愉悦感也会降低不少。这也是我热爱北海道的理由之一，你无须受困于"熟客介绍制"等高门槛的限制，即使是寿司店，也不乏提前几天就能订到，甚至可以直接上门的好去处。

北海道目前有17家米其林寿司店，主要集中在札幌、小樽和函馆等地，鮨一幸、鮨菜和喜智、鮨処有馬、寿司宫川、伊勢鮨等都是其中的佼佼者。我始终认为，一间好餐厅的存在意义，必然包括对大众的公开度和预约的友好度，如可以通过网上预约的"寿司善"（すし善），这在高级寿司店中也属于少数派。

如果你准备来个小樽一日游，但预算有限，群来膳（二星）是最佳的午餐之选。吧台和食器都极具小樽特色，清一色的玻璃器皿（当地称"硝子"）越发增添了空间的洁净感和透彻感。大厨面部的肌肉紧绷，乍一看很像著名男演员香川照之。他并不直视客人，只有手指上下翻飞旋转，如同心无旁骛的剑客，全然不关心生意好坏。

开场是清清爽爽的比目鱼，犹如十六岁少女的白裙子。鲍鱼充分吸收酱汁，被赋予了硬汉柔情的口感。枪乌贼本身就带有咔哧咔哧的韧脆口感，甜度和鲜度适

平目握寿司

时鲑握寿司

鲍鱼握寿司

马粪海胆军舰寿司

[TIPS]

群来膳
地址： 北海道小樽市东云町 2-4Vista 东云 1F
电话： 013-447-2888
营业时间： 11:30—14:30，17:30—20:30（周二定休）
官网： kukizen.jp
价格： 人均午餐 5000 日元起，晚餐 13000 日元起

用餐及预订
1. 怀石料理和寿司店没有着装要求，干净整洁即可，如果去法餐厅最好穿得正式一些。
2. 部分寿司店和法餐厅可以直接上门，但怀石料理建议提前预订。预订门槛相对较低，寿司店建议拜托酒店预订，法餐多数可以通过网站直接订位，提前一两周即可。
3. 不建议消费鲸类寿司。

中，搭配橙醋汁则是画龙点睛之笔。

接下来的一贯橘红色握寿司似乎很眼熟，照理说高级寿司店里不该出现三文鱼啊？追问之下，惜字如金的大将才开口解释。其实，这是每年5月至7月间在三陆和北海道海域捕获的白鲑，也叫“时鲑”，属于北海道的高级食材，也用作刺身和寿司。

压轴菜品是钏路产的马粪海胆军舰寿司，一口下去，它带来的强有力的冲击感不输金枪鱼大腹，刹那间，它在口腔里像烟花般绽放出香气。5000日元12贯寿司，还包括来自苫小牧的北极贝、野付半岛的帆立贝、酱油渍的鲑鱼子、肉质鲜甜饱满的牡丹虾，如果在东京和大阪，同样的价格根本吃不到这些食材。

占尽天时地利的北海道，就像那种天生丽质，又不拘小节、敢说敢做的真性情女子。没有任何负担、轻轻松松地去吃高级料理，也正是在北海道才行得通吧。

解锁更多新奇有趣的旅行目的地
KLOOK
美景、美食、
地道体验
发掘属于你的有趣小众玩法
全球领先的旅行体验预订平台
下载APP预订独特旅行体验

美食 [02]

北海道海鲜地图

撰文 ◎ **蜜多狸、骆仪**

海鲜就是你去北海道的一大理由，在不同季节的各海边城市，你都能吃到新鲜甜美的海鲜。

高温高盐的宗谷暖流与南下的千岛寒流相遇，孕育了举世闻名的北海道渔场，北海道也因此成为名副其实的“海鲜王国”，鲑鱼、贝类等海产品的产量都是日本之首。这里的水产品不仅种类丰富，更是品质上乘、鲜美无比，受到日本国民乃至全世界的欢迎。来了北海道，怎么能不逛逛当地的海鲜市场，品尝新鲜的海味呢？如果遇上海鲜祭，那更是旅途中难得的体验。

北海道海鲜地图 Nath 制图

钏路和商市场

PART 1 知名鱼市场

1. 札幌二条市场

从大通公园向东走一会儿，就来到了札幌历史最悠久的海鲜市场——二条市场。沿街店铺矗立数年，迎来送往，构成了札幌民众的厨房。帝王蟹、海胆、鲑鱼……所有产自北海道的美味海鲜都汇聚于此，还有千奇百怪的调味料和佐酒小菜。你可以在游览札幌的间隙前往二条市场，边逛边吃，感受这里朴实却热闹的生活氛围。

地址：北海道札幌市中央区南 2 条东 1 丁目 **电话：**011-222-5308 **营业时间：**7:00—18:00（具体店铺营业时间不同） **网址：**nijomarket.com

2. 小樽三角市场

小樽站附近的三角市场，每天都有从小樽渔港捕获上来的丰富海味。鲜甜的大螃蟹、黄澄澄的鲜海胆、饱满的生蚝……在市场内的小吃店，你可以吃到使用当季食材制成的料理，滝波商店和武田鲜鱼店等都不错。

地址：北海道小樽市稻穗 3-10-16 **电话：**013-423-2446 **营业时间：**7:00—17:00（具体店铺营业时间不同） **网址：**otaru-sankaku.com

3. 函馆朝市

坐落于海边的函馆朝市因海产品新鲜味美而闻名。清晨，刚刚打捞上来的各类海味就被送到这里，吸引了大量爱好尝鲜的人。一定要点一份海鲜丼，热腾腾的米饭上铺满了甜虾、扇贝、金枪鱼、蟹脚，再加上颗颗饱满的鱼子……绝对会让你大呼过瘾！函馆产的北紫海胆、昆布和鱿鱼质量上乘，千万不要错过。

地址：北海道函馆市若松町 9-19 **电话：**012-085-8313 **营业时间：**1 月至 4 月 6:00—12:00，部分店铺营业至 14:00；5 月至 12 月 5:00—12:00，部分店铺营业至 15:00 **网址：**www.hakodate-asaichi.com

4. 钏路和商市场

和商市场与札幌二条市场、函馆朝市并称“北海道三大市场”。钏路盛产花咲蟹、扇贝、多线鱼等，因此当地人发明了“胜手丼”，即可以随心搭配的海鲜盖饭。你可以买一碗白饭，在琳琅满目的海鲜柜里任意选择，配出一碗专属的胜手丼（可在官网下载9折优惠券）。不喜生食也没关系，钏路还有好吃的海鲜炉端烧，炙烤海鲜的声音与香气绝对会挑起你的食欲。

地址：北海道钏路市黑金町 13-25 **电话：**015-422-3226 **营业时间：**1 月至 3 月 8:00—17:00；5 月至 12 月 8:00—18:00，周日营业至 16:00（1 月至 3 月及 11 月的周日不营业，具体店铺营业时间不同） **网址：**www.washoichiba.com

利尻岛的海胆饭

北海道三大蟹：帝王蟹（左）、松叶蟹（右）、红毛蟹（下）

PART 2 各地名产与祭典

1. 海胆

礼文岛＆利尻岛

虾夷马粪海胆和北紫海胆是只能在北海道寻觅到的美味。这里纬度高、海水较凉，因而海胆甜度更高，颗粒饱满。吃海胆，产地与时间是关键。鲜海胆只有6月至8月才能吃到，去稚内边上的离岛礼文岛或利尻岛吃海胆吧！体验当地的捕捞，品尝自己亲手打捞上来的新鲜海胆，一口咬下去，舌尖鲜味带来的满足感绝对会令你终身难忘。

积丹味觉祭

如果时间不够前往较为偏远的稚内，札幌附近的积丹也是吃海胆的好去处。北海道人以“积丹蓝”来形容蔚蓝碧海，这里澄澈的海水培育了品质极佳的海胆。每年6月的最后一个星期日，当地会举行积丹味觉祭，超过100千克的海鲜大锅赚足了关注，还有每个人都可以参与的开海胆比赛，保证让你吃得尽兴、玩得开心。

2. 昆布

海胆以昆布为食，所以优质的海胆产区一定出产上好的昆布。稚内地区除了鲜海胆，昆布也是名产。日本料理中的许多菜式都需要上好的昆布吊煮高汤，爱下厨的人可不能错过这里的优质昆布。你还可以品尝独具特色的利尻拉面，拉面中加入了整片昆布，味道清淡却回味无穷。

3. 螃蟹

三大蟹

北海道是螃蟹天堂，帝王蟹、红毛蟹、松叶蟹等吸

松叶蟹料理

[TIPS]

积丹味觉祭

地址： 北海道积丹美国渔港广场

举办时间： 每年6月最后一个星期日（可能因天气原因变动，具体请见官网）

网址： www.kanko-shakotan.jp

鄂霍次克产直市场蟹屋

地址： 北海道网走市大曲1丁目13-6

电话： 050-5596-0672

营业时间： 8:00—17:00（最后点单时间为16:30）

根室蟹祭

地址： 北海道根室市海岸町1丁目根室港特设会场

举办时间： 9月1日10:00—17:00；9月2日9:00—15:00（可能因天气原因变动，具体请见官网）

网址： nemuro-kankou.com

引了大批食客，螃蟹料理也花样繁多。在札幌等城市，你可以体验“蟹会席”，一蟹多吃。帝王蟹个头巨大，产量却少，正宗道产帝王蟹可以在冬天吃到，浜烧或天妇罗的制法令蟹肉肉嫩而多汁。红毛蟹的最佳赏味期是秋季，蟹膏布满全身，蟹香极为浓郁。而松叶蟹的肉质是几种螃蟹中最为鲜甜爽滑的，最佳季节是冬天，松叶蟹肉肥膏满，做成刺身最好。

网走的鄂霍次克产直市场附设餐厅鄂霍次克产直市场蟹屋（オホーツク産直市場かにや），食材直接来自隔壁市场，螃蟹自然是最鲜美的。强烈推荐活毛蟹定食（活毛ガニ定食），一蟹二吃，蟹腿做刺身鲜甜无比，蟹肉、蟹黄煮熟味道香浓。

根室蟹祭

根室的特产花咲蟹是帝王蟹的一种。9月初，当地会举办盛大的根室蟹祭：激动人心的吃螃蟹大赛、现场煮花咲蟹表演、日本传统的歌舞太鼓表演、各类螃蟹料理品尝会等等。

[TIPS]

厚岸牡蛎祭
地址：北海道厚岸町奔渡 6-9 子野日公园
举办时间：10 月 5 日至 14 日（可能因天气原因变动，具体请见官网）
网址：akkeshi-town.jp

钏路牡蛎放题
地址：北海道钏路市北大通 7 丁目 2-2-4
电话：050-5571-0745
营业时间：17:00—23:30，12 月 31 日至次年 1 月 1 日休息

全年牡蛎直送札幌
地址：北海道札幌市中央区北 2 条西 3 丁目 1-7 札幌フコク生命越山ビル 2F
电话：011-596-9666
营业时间：11:00—15:00（最后点单时间为 14:30），17:00—23:30（最后点单时间为 23:00）；12 月 31 日至次年 1 月 1 日休息

厚岸生蚝　骆仪摄

4. 牡蛎

厚岸牡蛎祭

在日本，最受推崇的牡蛎产自厚岸，被称为“海中的牛奶”。厚岸牡蛎没有海水的腥涩感，肉厚而清甜，冬季食用最鲜。生食是日本人最喜欢的牡蛎吃法，生蚝使用经过杀菌的海水饲养数日即可安全食用。每年厚岸都会举行为期10天的牡蛎祭，绝对是一场饕餮盛宴。

钏路牡蛎放题

邻近厚岸的钏路也出产高品质牡蛎，它是道东三蚝之一。钏路JR站附近的居酒屋“まるとも水产”（Marutomo Suisan）提供“牡蛎放题”，1500日元即可不限量地享用牡蛎，生吃、蒸、烧烤皆可，牡蛎爱好者切勿错过。

全年牡蛎直送札幌

没有时间去道东吃蚝？没问题，在札幌有一家店，全年都能让你吃到当日新鲜直送的厚岸牡蛎，这也是全日本唯一一家，那就是佑一郎商店北海道浜烧牡蛎海鲜居酒屋（札幌站店）。除了奶油般顺滑的生蚝，还有肉质饱满鲜甜的北海道毛蟹，以及刺身拼盘、浜烧拼盘等丰富的海鲜料理。

石狩锅

5. 甜虾

羽幌甜虾祭

羽幌是日本甜虾产量最高的地方，每年都有近千吨甜虾从这里运往全日本的食肆厨房。羽幌出产的南蛮甘海老、缟海老、虎海老，甜度渐增，却都嫩滑爽口。6月至9月，甜虾正当季，一年一度的甜虾祭也拉开帷幕。庆典中，你能在各国料理中找到甜虾的身影，做法出人意料。

地址：北海道苫前郡羽幌町北3条1丁目
举办时间：每年6月最后一个周末（可能因天气原因变动，具体请见官网）
网址：www.haboro.tv

6. 鲑鱼

石狩鲑鱼祭

石狩被称为“鲑鱼的故乡”，这里出产的鲑鱼（三文鱼）肉质紧实，闻名日本。鲑鱼祭是石狩的秋季三大祭之一。新鲜捕捞的鲑鱼被放入大锅做成千人份的料理，是祭典的重头戏，不可错过。来到石狩，还要品尝当地的名吃石狩锅：昆布汤底加入鲑鱼肉、蔬菜、豆腐等慢慢熬煮，简单的做法却令平常的食材变成了神奇的料理，散发出无比浓郁的醇香，汤汁咸鲜，令人欲罢不能。

地址：北海道石狩市弁天町
举办时间：9月22日至23日9:00—16:30（可能因天气原因变动，具体请见官网）
网址：www.city.ishikari.hokkaido.jp

美食 [03]

北海道人是猪肉派

采访协力 © **都会生活研究专案团队 · 大泽玲子**

著名的北海道和牛在北海道并不流行，在这里，烧鸟和寿喜烧竟然都使用猪肉。

[TIPS]

[猪肉料理 · 编辑推荐]

元祖猪肉盖饭潘丘（元祖豚丼のぱんちょう）

这家美味的猪肉盖饭料理店就位于带广 JR 站出口附近。店家从 1933 年开始研究好吃的豚丼做法，现烤现卖，猪肉口感极佳，配合香浓的酱汁，你一定不会失望。

地址： 〒 080-0000 北海道带广市西一条南 11-19
电话： 015-522-1974
营业时间： 11:00—19:00（12 月 31 日至次年 1 月 2 日，周一及每月第一、第三个周二休息）
价格： 豚丼 1220 日元

"什么肉包子，明明只是猪肉包！"挑剔的大阪人总爱把猪肉、牛肉区分清楚，似乎只有牛肉才能配得上"肉"这个字。在日本的绝大多数地方，提起"肉"，人们的第一反应也多是牛肉。不过，对远离本州牛肉文化的北海道人来说，比起牛肉，他们更喜爱猪肉。

猪肉当道的北海道料理

北海道的养猪场不少，2017年日本总务省的住户调查结果显示，北海道平均每户家庭的猪肉年购买量超过22千克，居日本前列，而牛肉的年购买量仅为3.7千克，不到全国平均水平的60%。即使是在日本生产肉牛头数最多、培育出了"士幌牛"等多种优质肉牛品种的北海道士幌町，人们日常食用最多的也是他们热爱的猪肉。

在大多数日本人和外国游客的印象中，牛肉才是肉炖土豆或日式寿喜锅中当之无愧的主角，然而在北海道，往这两道菜中加入猪肉才是正确的做法。与其他地区将烹饪用的汤汁称作"豚汁"不同，北海道人会更直白地将其称为"猪肉汁"，妈妈们为郊游的孩子准备便当时，也总会做上一道猪肉汁或猪肉咖喱饭。

带广一带流行着猪肉盖饭（豚丼），由日本传统名吃鳗鱼饭变化而成。猪肉能与牛肉、鳗鱼相媲美，也说明北海道人对猪肉的爱之深沉了。钏路地区的意面猪排也是当地有名的猪肉料理，铁板中盛满意大利面和厚实多汁的炸猪排，铁板的温度使每一口食物都美味而温暖，而猪排的外层被炙烤出焦脆的口感，最是诱人。别海町厚达7厘米的炸猪排也吸引了诸多食客。

豚丼

[TIPS]

Restaurant 泉屋 本店

延续昭和风味，厚厚的炸猪排上的焦脆外壳包裹住了鲜嫩的肉汁，还有筋道的意面配合口感丰富的酱汁，温热的铁板让所有食材保持着最适宜的温度与风味。

地址：〒 085-0000 北海道钏路市末广町 2-28
电话：015-424-4611
营业时间：11:00—21:00（12 月 31 日至次年 1 月 2 日、每月 1 日休息，周二不定期休息）
价格：炸猪排意面 1000 日元

正大光明“挂鸡头卖猪肉”

日本其他地方的人都达成了共识——“烧鸟是鸡肉串”，而北海道的不少店铺却正大光明地卖着猪肉做成的烤串，前来享用的顾客也愉快接受。如果只说“请给我烧鸟”而不明确地说自己想要的是鸡肉做的烧鸟，服务生端上来的很可能是猪肉串。在室兰等地，除了将烧鸟中的鸡肉替换为猪里脊肉，大葱段也被换成了洋葱，风味更浓烈。将“挂鸡头卖猪肉”的烧鸟作为主力贩卖的，是以函馆为据点的连锁超市长谷川商店（Hasesuto）。店里的名产是猪肉烤串盖饭便当，这道原本为了来去匆匆的客人准备的速食，因被成员在函馆长大的乐队GLAY推荐，成为全日本知名的人气便当。

其实猪肉在北海道备受欢迎，也是理所应当的。北海道气候寒冷，人们需要补充高热量的食物才能抵御严寒，比起牛肉，价格便宜的猪肉无疑是性价比更高的选择。从事体力劳动的人吃到一碗热气腾腾的猪肉饭，便又能精力充沛、充满干劲了。所以，对于猪肉的喜爱并非北海道的专利，在那些依靠重工业发家的地区，如钢铁业发达的九州福冈北部，你总能找到许多美味的猪肉料理。

意面炸猪排

北海道白老牛

宗谷黑牛

[TIPS]

烧鸟吉田屋

厚薄适中的猪肉片、新鲜爽脆的洋葱、特制的烧烤酱与芥末，组成了北海道特有的猪肉烧鸟。创立 65 年的老铺位于室兰站旁，烤串配酒，绝对让你难忘北海道的夜晚。

地址： 〒 051-0011 北海道室兰市中央町 2-4-11
电话： 014-323-2948
营业时间： 17:00—23:00（周日不定期休息）
价格： 人均 1000—2000 日元

北海道和牛在中国更有名

既然有了猪肉与牛肉的争论，我们再来说一说和牛。日本的牛自古为耕作之用，明治维新前，食用牛肉都是违反禁令、要被处以流刑的犯罪行为。明治维新后，学习西方成为主流，牛肉也成为人们的盘中食，不过，牛肉最初也是上层社会才享用得起的。

关西地区绝对是倾向于牛肉的，日本三大和牛（松阪牛、神户牛、近江牛）也从那里发源。不过，日本各地都有自己的牛肉品种，北海道培育的较为著名的品种也有不少，如前面提到的士幌牛、宗谷的宗谷黑牛以及白老町的白老牛等。

近年来，日本各地也都加强了对本地品种牛的宣传。因此，牛肉渐渐摆脱了“奢侈”的标签，成了更加普通的食材。

不过，如今中国游客对北海道的和牛兴趣大增，或许也是北海道旅游业发展带来的新现象吧。我猜测，是不是最初来到北海道旅行的人尝到了和牛的美味，于是口耳相传，以至于如今家喻户晓了呢？

其实，生活在北海道以外地区的日本人听到北海道的牛，首先想起的是美味的牛奶和乳制品，在日本，北海道的牛肉反而没有在中国那么出名。

北海道的夏天因短暂而倍显珍贵，大家更愿意在阳光灿烂的时候带上烧烤架在户外玩耍，我想，这也是成吉思汗烤肉等烧烤类食物如此流行的原因。烧烤是最具包容性的料理方式之一，猪肉、羊肉、牛肉、鸡肉……各种食材在火上吱吱作响，正体现了北海道多元的风格。

三大拉面彻底解剖

采访协力 ◎ **都会生活研究专案团队 · 大泽玲子**

提到北海道美食，大部分的人应该都会想到拉面吧。然而北海道地大物博，每个地区都有不同的拉面，不同的拉面间也有很大的差异。

味噌、酱油与盐

北海道以外的人提起北海道拉面，首先想到的应该是札幌味噌拉面。这款拉面来自一开始在路边摆摊，后来在札幌市内开店的“味之三平”。据说前任老板为了满足单身外派客人“想在猪肉味噌汤里加面”的要求，实验性地着手开发了这款拉面。在这款味噌拉面被介绍至全国各地后，“札幌＝味噌拉面”的印象就此深植人心。

不过札幌拉面的真正始祖被认为是北海道大学前面的中国餐厅“竹家食堂”里的酱油拉面。现今，曾在札幌名店“堇”与“纯连”锻炼手艺的人接连开设“纯连系”拉面，形成了一股强大的势力。他们采用的是中粗且带有筋性的淡黄色卷面，汤头则以鸡肋骨及猪骨为基底、味道醇厚的味噌味为主流。

离开札幌来到旭川，便是酱油拉面为大宗。用猪骨、鸡肋骨当基底，加入浓郁海鲜高汤的双重汤头是其最大特征。旭川拉面的另一个特征就是汤面通常会覆有一层猪油。这是为了不让汤头冷掉而发明的，可谓在极寒之地的旭川才有的生活秘技。

从札幌南下至函馆，则以清爽的盐味拉面为主流。只要说到拉面，以剔透的盐味汤头搭配较柔软的细面，才是函馆人心目中的经典。

札幌的味噌口味、旭川的酱油口味以及函馆的盐味就是所谓的北海道三大拉面口味。此外，室兰的咖喱拉面也以平价美食之姿逐渐流行起来。

北海道的包容

另一项希望大家认识的札幌名产拉面就是拉面沙拉。拉面沙拉是由位于札幌大饭店的“Big Jug”作为夏季招牌料理而研发的，是冷面加沙拉的组合，被北海道人昵称为“Rasara”（ラーサラ）。由于蔬菜分量远比拉面多，许多居酒屋都把它当作沙拉的菜式。

在各具特征的拉面百家争鸣的北海道，实际上也有把札幌风味与旭川风味混合起来的拉面存在。说得更极端点，北海道人并不拘泥于本地的拉面，像是来自九州的知名拉面店也有可能大排长龙。

或许是美食大地的游刃有余，抑或是源自移民的历史背景，又或者只是喜新厌旧，就算是外来的料理又何妨，只要好吃就好！这才是真正的北海道风范。

三大拉面全解析

发源地	拉面流派	总体特征	汤底	面	浇头
札幌	味噌拉面	富含脂肪，口感丰富	在豚骨汤底的基础上加入各店特色的调味料	粗面、韧性好的卷面	炒黄豆芽、炒洋葱等
旭川	酱油拉面	色厚味浓，重口味	以豚骨高汤为底，加入竹筴鱼干等海鲜高汤，混合成双重汤头	只加入少量水的卷面	除了传统的叉烧、笋干、葱等，也会用旭川特色的盐渍内脏和猪颈肉
函馆	盐拉面	口味清淡，汤色剔透	函馆海鲜资源丰富，因此加入了海鲜高汤，用慢火熬制出清汤	柔软细面是主流，也有些店使用长面和卷面	叉烧、笋干、葱等

拉面沙拉

[TIPS]

[拉面 · 编辑推荐]

味之三平

札幌拉面元祖，如今开在文具店大丸藤井里，至今仍大受札幌人喜爱。除了招牌味噌拉面，嗜辣者也可以试试味噌铁火面。

地址： 〒060-0061 北海道札幌市中央区南1条西3丁目2大丸藤井セントラル4F
电话： 011-231-0377
营业时间： 11:00—18:00（周一及每月第二个周二休息）
价格： 味噌拉面850日元

梅光轩本店

创立五十多年，夺得第一届"旭川拉面大赏"最优秀奖，获米其林推荐。进军中国台湾7年，最终于2019年夏天关闭全部分店，旭川本店则人气不倒。除了招牌酱油拉面以外，味噌奶油玉米拉面也很有北海道特色。

地址： 〒630-8115 北海道旭川市2条通8买物公园ピアザビルBF
电话： 0166-24-4575
营业时间： 11:00—20:30（周日营业至20:00）
价格： 酱油拉面730日元

函馆面厨房あじさい本店（Ajisai Honten）

开在五棱郭公园附近，创业超过80年，是函馆最知名的拉面老铺。面汤清透，使用道南产的昆布、猪骨、鸡骨加上天然石盐熬成，虽叫盐拉面其实微甜且不油腻，适合口味清淡的人。

地址： 〒040-0000 北海道函馆市五棱郭町29-22
电话： 0138-51-8373
营业时间： 11:00—21:00（每月第二及第四个周三休息）
价格： 味彩盐拉面750日元

味噌拉面

酱油拉面

盐拉面

美食 [05]

成吉思汗烤肉：北海道灵魂料理

采访协力 ◎ **都会生活研究专案团队 · 大泽玲子**

说起北海道就绝不可忽略的又一类肉类料理，便是成吉思汗烤羊肉了。

羊肉

[TIPS]

[成吉思汗烤肉 · 编辑推荐]

成吉思汗达鲁玛本店（成吉思汗だるま本店）

1954年开业，人气很高的元祖烤肉店。周末和饭点常常要等位，专做不调味的生羊肉。羊肉菜单上，除了“成吉思汗”必点外，数量限定的上肉也很受欢迎，去晚了可能会卖完。

地址： 〒064-0805 北海道札幌市中央区南5条西4丁目5 クリスタルビル1F
电话： 011-552-6013
营业时间： 17:00—翌日3:00（最后点单时间为2:30，12月31日至次年1月2日休息）
价格： 人均2000—3000日元

吃烤肉也要分流派

日本以羊肉闻名的料理不多，甚至在很多地方的超市里连羊肉都买不到。而以羊肉为主打菜品的成吉思汗烤肉[1]却是全国皆知的北海道灵魂食物。

很多人可能不知道，这道料理依吃法分为两种流派。一种是先将羊肉浸入酱汁腌渍的“先渍派”（滝川流），以在滝川市设立总店的“松尾成吉思汗”为代表品牌。另一种则是根室、钏路、道南、道北沿岸等区域常见的形式，也就是将烤好的肉浸入酱汁腌渍的“后渍派”（月寒流）。这两种方式分别源自位于滝川与月寒两地的种羊场所推荐的吃法。但除了以地区区分外，依个人喜好不同也会分成各种流派。

在这里先提醒各位，即便同属羊肉，种类也各有不同。最近广受欢迎的是出生4至8个月、较无羊膻味的羔羊肉，不过许多成吉思汗烤肉爱好者则对出生一年以上的成年羊的肉情有独钟。

此外，除了泡在酱汁里腌渍好的真空包装羊肉外，后渍派的肉则有切成小块的，或是卷状的冷冻肉卷，种类非常多元。

※ **注释**

1. 成吉思汗烤肉： 成吉思汗烤肉的得名原因众说纷纭。其中一说是源自成吉思汗的蒙古军队远征时的军中料理，成吉思汗锅从士兵头盔演变而来。但实际上，成吉思汗烤肉更接近满族而非蒙古族的吃法，由进军中国东三省的日军引进日本并根据日本人的口味进行改良。

第二步，烤肉

第一步，刷油

第三步，肉汁烤蔬菜

羊肉在“山顶”，蔬菜在“山脚”

了解了食材的种类后，就应该熟悉成吉思汗锅的使用方法。虽然会因“先渍派”或“后渍派”而有所不同，但基本上都是将羊肉放在铁锅像山顶一样的上层部分烧烤，蔬菜则是铺在“山脚”周围，一边吸收肉汁，一边烤熟。当锅中蓄满了汤汁时，就可以将乌龙面、年糕或意大利面放进去作为收尾。

当然使用铁板锅或平底锅也可以，但使用专用锅才不会让羊肉因为蔬菜的水汽而变得水淋淋的，吃起来更加美味。“果然，成吉思汗烤肉还是得用成吉思汗锅来做！”若哪天不禁脱口而出这句话，代表各位也成为地道的成吉思汗烤肉爱好者了。

牧羊人之店（羊飼いの店 いただきます）

日本消费的羊肉 99% 来自进口，这家店却拥有直营的羊牧场，羊肉直接送到店里，在新鲜度上更有保障。在这里还能吃到稀少部位的羊肉和内脏，也很难得。

地址：〒064-0805 北海道札幌市中央区南 5 条西 5-1-6
电话：011-552-4029
营业时间：11:30—翌日 3:00（最后点单时间为 2:30），周日、公众假日营业至 23:00（最后点单时间为 22:30）
价格：午餐 2000—3000 日元，晚餐 3000—4000 日元

札幌啤酒园凯赛尔大厅（札幌啤酒园 ケッセルホール）

还有什么能比喝着啤酒吃烤肉更爽的吗？人称“成吉思汗博士”的作家千石凉太郎极力推荐札幌啤酒园里的ケッセルホール，这里有大正元年建造的巨大啤酒锅，怀旧气氛浓厚。

地址：〒065-0007 北海道札幌市东区北 7 条东 9 丁目 2-10 开拓使馆二楼
电话：0120-150-550（札幌啤酒园综合预约中心）
营业时间：11:30—22:00（最后点单时间为 21:30），12 月 31 日休息
价格：午餐 3000—4000 日元，晚餐 4000—5000 日元

北海道的甜品呀，比恋人的嘴还甜

撰文 ◎ **蜜多狸、骆仪**

北海道好吃的甜品绝不只有白色恋人和Royce'生巧克力。

[TIPS]

六花亭带广本店
地址： 北海道带广市西 2 条南 9-6
电话： 015-524-6666
营业时间： 9:00—18:00
网址： www.rokkatei.co.jp

六花之森
地址： 北海道河西郡中札内村常盘西 3 线 249-6
门票： 成人 1000 日元，中小学生 500 日元
营业时间： 4 月下旬至 10 月中旬（具体时间详见六花亭官网）

中札内美术村
地址： 北海道河西郡中札内村荣东 5 线
门票： 无
营业时间： 4 月下旬至 10 月中旬（具体时间详见六花亭官网）

北海道何以成为甜品王国？因为气候条件优越，老天爷赏饭吃。

一方面，作为日本最大的农牧业产区，北海道的奶制品、小麦、水果等甜品素材产量高且质量好，从原材料的生产到加工都能在本地完成。北海道土地肥沃，拥有广阔的牧场，能为奶牛提供丰富纤维，且夏天凉爽，适合奶牛生育，牛奶味道香浓，脂肪含量可达4%，而道外牛奶的多为3.5%—3.7%。全日本的甜品店大都喜欢标榜自家产品使用北海道牛奶制成，而北海道本地甜品店更是“近水楼台先得月”。

另一方面，北海道的食材更适合制作洋果子而非以红豆、砂糖为主的传统和果子，因此，虽然各甜品品牌的历史不算悠久，却出生自带一股时髦气息。道南是北海道甜品的发源地。1859年函馆港开港，次年千秋庵创业，向在港口劳作的人们销售甜品。后来，札幌千秋庵和带广千秋庵（六花亭前身）分别独立并营业至今。

新千岁机场是集中采购北海道甜品的最佳选择，那里甚至有Royce'开放参观的工厂，但其他位于北海道各地的甜品名店也很值得到访，你不光能品尝到当地限定的最新鲜甜品，还能参观制作工坊和富有设计感的店铺，身心都能得到极致满足。

六花亭

十胜平原是北海道的粮仓，孕育出六花亭和柳月两大甜品店。1933年，札幌千秋庵带广支店创立，1977年改名六花亭。“六花”源自中国典籍《宋书・符瑞志下》，“草木花多五出，花雪独六出”，既指雪花六瓣，也指十胜平原的六种花草。其标志性的手绘花草包装由擅长画风景和植物的北海道画家坂本直行设计，清新雅致。

虽然六花亭在新千岁机场和札幌设有分店，但带广本店有不少限定产品，二楼咖啡厅卖的甜品也非常好吃。此外，带广郊区还有占地10万平方米的森林花园“六花之森”，设有坂本直行纪念馆和包装纸博物馆，以及占地14.5万平方米的中札内美术村，其中展出多位本地画家的作品，其庭园春有新绿、秋有红叶，美不胜收。六花亭信奉“甜品是来自大地的恩泽”，立足十胜平原，从做甜品到开画廊都情怀满满。

六花亭清新的花草包装　司北摄

推荐甜品

十胜带广发（とかち帯広発）[带广地区限定]

180日元

放在冰柜里朴实无华，没有外包装，入口却非常惊艳：类似千层派的饼干外层极酥，怕是指尖稍微用力就会捏碎，内馅是白色生巧克力包裹的覆盆子奶油芝士，冰冰凉，酸酸甜甜，开胃不甜腻，吃完忍不住马上又买一块。仅限带广本店、西三条店和带广机场店销售，而且往往到当天下午就卖完了，最佳赏味期限仅为10分钟，只能在店里现买现吃。

葡萄奶油夹心饼干（マルセイバターサンド）

4个装/500日元

六花亭的招牌产品之一，北海道黄油、朗姆酒、白巧克力与葡萄干，夹进酥软适中的饼干，十分香浓可口。包装怀旧，中间有个“成”字，取自十胜开拓之父依田勉三所成立的“晚成社”。

雪巧克力芝士夹心饼干（雪こん · チーズ）[带广地区限定]

180日元

同样是放在冰柜里、无外包装的甜品，赏味期限为2个小时，饼干酥皮有浓郁的可可香，芝士夹心冰凉嫩滑而不腻。它还有一个保质期为20天的常温版本“雪飘飘巧克力夹心饼干”（雪やこんこ），在日本各地店铺都能买到，外观很相似，但为了便于保存和运输，饼干外皮偏硬脆，夹心也不如前者细腻。

珍贵巧克力（ありがたき哉）

350日元

此款巧克力的名字直译过来有“难能可贵”或“不胜感激”的意义，爱心的造型同样适合恋人间的表白。一盒五颗心形糖，分别是白巧克力、奶糖、草莓、摩卡、抹茶五种口味。

[TIPS]

柳月大通本店
地址：北海道带广市大通南 8-15
电话：015-523-2101
营业时间：8:30—19:30
网址：www.ryugetsu.co.jp

中札内美术村

柳月

柳月创立于1947年，正值战后人们追求甜蜜与幸福的年代。当时十胜带广地区有超过60家甜品名店，那里也被称为“甜品激战区”。柳月从做酱油红豆馒头起步，探索和洋折中之路。1968年，“三方六”年轮蛋糕在全国甜品大博览会上亮相，一炮走红，后来又拿下了1988年世界甜品博览会金奖。凭借长盛不衰的三方六，柳月成为与六花亭齐名的带广甜品名店。

推荐甜品

三方六
5枚装/650日元

1965年，为纪念北海道开拓100周年，柳月推出了一款新的年轮蛋糕三方六，其名字来源于开拓时代的伐木标准——一段直径1尺2寸的原木均匀地劈成6块扇形木柴，每块木柴横切面的三条边都是6寸长。三方六代表着冬日围着火炉烤火的温暖和甜蜜。蛋糕表面使用黑白双色巧克力描绘出白桦树皮的纹路，美得让人不忍下嘴，然而一吃就停不下来，口感十分绵密。兼具情怀、颜值和口感的三方六一直深受顾客喜爱，除了经典原版，后来又推出了浓厚巧克力版、牛奶版、枫糖版以及抹茶版等。

三方六　骆仪摄

六花亭带广发　骆仪摄

LeTAO 双层芝士蛋糕

LeTAO

小樽最具人气的洋果子店LeTAO创立于1998年，本店在一栋如童话般梦幻的小洋楼中。LeTAO的日语发音不是“乐涛”而是“ru-ta-o”，是把小樽的发音“o-ta-ru”反过来读，这足以说明LeTAO与小樽的深深羁绊了。

[TIPS]

小樽洋果子铺ルタオ LeTAO 本店

地址：北海道小樽市堺町 7-16
电话：012-046-8825
营业时间：9:00—18:00（全年无休）
网址：www.letao.jp

北果楼札幌本馆

地址：北海道札幌市中央区北 1 条西 5 丁目 1-2
交通：地铁南北线至大通站 7 号出口直达
电话：080-0500-0318
营业时间：10:00—19:00
网　址：www.kitakaro.com/ext/tenpo/sapporohonkan.html

北果楼

去札幌，甜品控一定不会错过白色恋人公园，不过现在，我要请你把北果楼的“甜品图书馆”也列入行程清单。

甜品图书馆是一栋建于1926年的建筑，前身为北海道厅立图书馆和北海道道立美术馆，跨越近百年岁月，2016年经安藤忠雄改造，作为甜品店北果楼的札幌本店重新开张，并迅速成为札幌新地标，杂志争相报道，更夺得当年的Good Design等多个大奖。安藤保留了图书馆的古朴外观及外墙巨大的古典式石柱，将内部改造成光线充足的开阔空间，两面墙壁的巨型书架直通天花板，有超过6000册关于北海道和甜品的书籍。

北果楼于1991年在砂川市创立，和LeTAO一样，它的历史虽然不算长，却有很受欢迎的招牌甜品。

北果楼妖精之森年轮蛋糕

推荐甜品 | LeTAO

双层芝士蛋糕（ドゥーブルフロマージュ）

1728日元

上层是口感松软的马斯卡彭芝士，它产自意大利北部地区，乳脂含量很高，有类似新鲜奶油的风味；下层是口味浓郁的澳大利亚奶油芝士。奶香浓郁，一口咬下，宛如粉雪般在舌尖融化，正是“入口即化”的最佳诠释。有别于许多本地限定甜品，LeTAO致力于研发不破坏口感的冷冻技术，实现日本全国配送。这款双层芝士蛋糕也因为搜索热度持续上升，2017、2018年连续两年夺得Yahoo!订购类别的搜索大奖。

皇家山峰红茶巧克力（ロイヤルモンターニュ）

9枚装/756日元

采用金字塔的别致造型，巧克力师傅花费9年时间研制，终于找到大吉岭红茶和浓可可之间的最佳平衡点。它在口中慢慢融化，释放出红茶香气和巧克力的甜蜜。

推荐甜品 | 北果楼

妖精之森年轮蛋糕（バウムクーヘン「妖精の森」）

4厘米高/1296日元；8厘米高/2592日元

被誉为“妖精才能做出来”的年轮蛋糕，使用的小麦粉、鲜奶油、鸡蛋和水全部来自北海道本地，由职人用北果楼独创的炉子一层一层慢慢烧制而成，并在特定的温度下放置一夜，让蛋糕充分成熟，得到蓬松而湿润的口感。

野玫瑰之恋夹心薄饼（はまなすの恋　チョコレートウイッチ）

12枚装/693日元

被称为Hamanasu的野玫瑰随风摇曳，是北海道人熟悉的“道花”。本款夹心薄饼口味清甜、包装粉嫩，令人回忆起在北海道的甜美时光。

（本文价格均含税）

美食 [07]

在便利店寻找限定美味

撰文 ◎ **蜜多狸**　　插画 ◎ **淑明**

低成本、唾手可得的幸福味道，只属于北海道。

或许你只把随处可见的便利店当作能量补充站，在某个突然感到口渴或饥饿的时刻才会踏入。其实，能令你的味蕾感到满足的东西，并不仅存在于精致的高级餐厅或富于情调的酒吧里。一出店门打开易拉罐就能畅饮的啤酒，或是寒冬里一份热腾腾的炸鸡，都是便宜却能令人感到幸福的味道。逛一下北海道限定的Seicomart便利店，寻找北海道限定的惊喜吧！（本文价格未含税）

札幌经典（Sapporo Classic）北海道限定生啤

130 日元 / 罐

日本第一瓶国产啤酒就产自北海道，来到北海道怎能不喝札幌啤酒？札幌啤酒推出的北海道限定生啤，采用100%的北海道麦芽酿造，口味清爽，自1985年起售卖至今，人气居高不下，可谓北海道之味。

小原 Co-up 瓜拉纳饮料

115 日元 / 230ml

这是一种以瓜拉纳果提取物为原料的清凉饮料。瓜拉纳盛产于巴西北部亚马孙河流域，主要成分是瓜拉纳因，它类似于咖啡因，常被作为能量饮料的原料使用。小原的这款瓜拉纳饮料，在北海道可比可口可乐还要经典，千万别错过。

珀卡札幌缎带那不勒斯（Pokka Sapporo Ribbon Napolin）碳酸饮料

140 日元 / 450ml

缎带那不勒斯碳酸饮料绝对是北海道限定中最长寿的饮料了。从1911年诞生至今，经过一个世纪的风云变幻，它依然备受欢迎。虽然包装已经变了，但令人欲罢不能的激爽口感一如往昔。

索拉奇（Sorachi）十胜猪肉饭调味酱汁

300 日元 / 220g

索拉奇是北海道知名的酱汁生产厂家，许多贩售十胜猪肉盖饭、成吉思汗烤肉的餐厅都使用他们的酱汁。便利店出售的小包装调味酱汁方便携带，还有成吉思汗烤肉酱（369日元 / 200g）等供你选择。

塞科玛（Secoma）北海道酸奶

162 日元 / 400g

北海道夏季凉爽的温度最适宜奶牛成长，广袤而丰茂的牧场孕育着日本最好的牛奶。塞科玛特（Seicomart）便利店自营的北海道酸奶，使用100%丰富町牛奶发酵而成，富含乳酸菌等营养，可以直接食用或作为原料制作甜点。

塞科玛特（Seicomart）京极名水

92 日元 / 500ml

日本许多地方都有自己的“名水”，优质的水源还会被日本环境省列入“名水百选”。“京极名水”的水就来自名水百选之一的北海道京极町的羊蹄山涌泉水，该名水因富含矿物质被评为北海道遗产。甘冽的滋味或许会让你回忆起羊蹄山的皑皑积雪与山下的盈盈湖泊。

塞科新鲜（Seicofresh）北海道蜜瓜甜筒

185 日元 / 个

塞科玛特（Seicomart）便利店自营的甜筒，含45%丰富町产的优质牛乳、比一般蜜瓜甜度更高的北海道红肉蜜瓜，以及绝对能让你满足的超大分量，价格却非常实惠。蜜瓜与牛奶混合而成的香甜慢慢地在口中融化，是你漫无目的的闲逛时也可以享受的本地美味。

岛川制果 牛奶长崎蛋糕

200 日元 / 5 个装

北海道人离不开的日常小点心。虽是长崎蛋糕，但因为100%使用北海道产的小麦与牛奶制作，已经变成了地道的北海道风味，恰到好处的香甜、松软绵密的口感，就像这片大地一样令人备感亲切。

塞科玛特热厨（Seicomart Hot Chef）炸鸡

260 日元 / 份

塞科玛特（Seicomart）便利店广受欢迎的原因之一就是近年推出的“热厨”（Hot Chef）系列热食。利用店内的厨房制作而成的形形色色的料理，从寿司到便当一应俱全，其中人气最高的就是炸鸡。将提前用酱汁腌制好的鸡块裹上片栗粉，直接在厨房炸制。刚出锅的炸鸡香气腾腾，酥脆的外皮包裹住鲜嫩多汁的鸡肉，别提多诱人了。

塞科玛特热厨（Seicomart Hot Chef）柠檬芝士派

148 日元 / 个

“热厨”（Hot Chef）系列不仅种类多样，还时常推陈出新。商品不添加着色剂或人工香料，也是其卖点之一。新推出的柠檬芝士派选用北海道本地产的小麦与芝士制作而成，浓郁的芝士风味与柠檬的酸甜气息巧妙地融合在一起，成为令人无法拒绝的美味。

晚来天欲雪，泡个温泉吧？

撰文 ◎ **蜜多狸、骆仪**

北海道的温泉资源十分丰富，你可以选择更经济、更灵活的日归温泉，也可以预订汤宿，在露天风吕中忘却世俗烦扰。

在北海道有许多亲近自然的方式，其中最美好的方式之一是泡露天温泉。面对宁静的山林湖海或雪原，让温热的汤洗去一天的旅途劳累，四肢百骸无比舒畅，身心都得到治愈。

在日本酒店预订平台Jalan历年的用户调查中，登别地狱谷温泉、定山溪温泉与洞爷湖温泉常年位居北海道温泉前三位，其中登别温泉在2019年位列全日本第三。调查问卷包括知名度、访问量、满意度、向往度等方面，榜单结果有一定的代表性。但如果你更喜欢那些人迹罕至的秘境野温泉，就忘记这份大众榜单吧。

雪见温泉

石狩温泉

石狩位于札幌近郊，面对石狩湾。石狩温泉的水质与众不同，这里的水是来自海底远古地层中涌出的茶褐色温泉水，被称为“化石海水”，十分神奇，吸引了不少游客。

[石狩天然温泉 番屋之汤]

番屋之汤位于石狩湾旁，温泉水富含钠盐，无论是美肌还是缓解疼痛的效果都很好。泡在露天温泉中，你可以远眺开阔的石狩湾，忘记时间的流逝。

地址： 〒061-3372 北海道石狩市弁天町51-2 **电话：** 0133-62-5000 **日归温泉营业时间：** 10:00—24:00 **日归温泉价格：** 成人650日元，儿童350日元

洞爷湖温泉

洞爷湖附近活跃的活火山造就了种类多样的洞爷湖温泉，这里既有碳酸氢盐温泉，也有硫黄温泉等，对关节痛、肌肉痛等都有良好的舒缓效果。洞爷湖湖面开阔，山水壮美，景色宜人，是传统的度假胜地。

[洞爷湖太阳宫酒店]

露天温泉就修在湖边，宛如与洞爷湖连成一体，尽情享受这开阔壮丽的景色吧。

地址： 〒049-5731 北海道有珠郡壮瞥町洞爷湖温泉7-1 **电话：** 014-275-1111 **网址：** www.toyasunpalace.co.jp **日归温泉营业时间：** 10:00—15:00（14:00停止入场） **日归温泉价格：** 平日成人800日元、儿童500日元，周末及节假日成人1500日元、儿童1000日元

定山溪温泉

定山溪位于札幌西南侧，四面环山，被称为“札幌的内厅”。早在1866年，修行僧人美泉定山就发现受伤的小鹿靠泉水疗伤，于是搭建了温泉小屋，这就是定山溪温泉的由来。这里的温泉水富含铁、钠等多种矿物质，具有缓解疼痛、排毒养颜等作用。

[定山溪第一宝亭留・翠山亭]

第一宝亭留是高档的老牌温泉旅馆，拥有定山溪的三个温泉。其中，“飞泉乃汤”空间广阔，设有气泡浴等六种汤槽；“桂木乃汤”因汤槽正面一棵树龄三百余年的桂树而得名；“森乃汤”是住宿客人专用的森林温泉，风声、树影、鸟鸣，客人得以在大自然的怀抱中享受最纯净的温泉。

地址： 〒060-2303 北海道札幌市南区定山溪温泉西3丁目105番地 **电话：** 011-598-2141 **网址：** www.jyozankei-daiichi.co.jp/jyozankei/ **日归温泉营业时间：** 12:00—15:00 **日归温泉价格：** 成人1000日元，儿童600日元

新雪谷温泉乡

新雪谷以滑雪场闻名于世，但它也是北海道最大的温泉区之一，散落着几十家温泉旅馆。在新雪谷，滑雪与温泉可谓好伙伴，酣畅淋漓地滑一天雪后，将全身泡进温泉中，静静地欣赏雪花飘落，世间最美好的事情莫过于此。

[若返之汤 新雪谷大酒店（混浴风吕）]

若返之汤有铁矿泉和钠泉两种水质，含有天然保湿成分硅酸，有润泽肌肤的奇效，泡完温泉后，皮肤会变得很光滑，因此这里有“若返りの湯”的美誉，能让你返老还童呢。酒店以露天混浴庭院知名，保留了日本传统的温泉风情，并提供混浴专用的汤浴衣出租。害羞的你不用担心，这里也有男女分开的露天温泉。

地址： 〒048-1511 北海道虻田郡新雪谷町新雪谷412番地 **电话：** 013-658-2121 **网址：** niseko-grand.com **日归温泉营业时间：** 11:30—21:00 **日归温泉价格：** 成人900日元，小学生450日元，汤浴衣租金100日元

函馆猴子泡汤　许阳摄

登别温泉

一进入登别地区，你就会闻到空气中淡淡的硫黄味。不断喷涌而出的硫黄气体、滚滚蒸腾的水汽、雄伟而诡异的风景，都让你觉得置身地狱，“地狱谷”便因此得名。登别温泉可谓“日本第一汤”，这里的温泉多达十余种，温泉旅馆更是数不胜数，是日本最具代表性的温泉乡。

[第一滝本馆]

开业超过160年，是距离登别地狱谷最近的温泉旅馆。

地址：〒059-0551 北海道登别市登别温泉町55 **电话：**0120-940-489 **网址：**takimotokan.co.jp **日归温泉营业时间：**9:00—18:00 **日归温泉价格：**成人2000日元，儿童1000日元（9:00—16:00）；成人1500日元，儿童750日元（16:00—18:00）

函馆汤川温泉

函馆附近的汤川温泉是颇受欢迎的传统温泉，它最大的看点莫过于海景。身体被温泉疗愈的同时，眼前是广阔的大海，竞相出海的渔船如同散落在海面上的星星，梦幻极了。汤川温泉站前还有免费足汤供人们使用。从12月到次年5月，你还可以在函馆热带植物园欣赏到猕猴泡汤的景象，猕猴悠然自得的样子令人忍俊不禁。

[笑函馆屋]

这家旅馆给人的感觉就像自家一般亲切，它希望客人能够发自内心地微笑。露天温泉属于“食盐泉”，富含钙、钠等元素，对关节疼痛、风湿病、皮肤病等都有缓解作用（仅限住宿客人）。

地址：〒042-0932 北海道函馆汤川町3-10-3 **电话：**0138-36-2000 **网址：**www.hakodateya.jp

登别地狱谷

旭岳温泉

层云峡温泉、旭岳温泉和十胜岳温泉，是大雪山地区三大温泉，层云峡温泉相对知名，后两地则十分宁静。旭岳温泉春有樱花，夏有高山植物，秋有彩林，冬有粉雪，徒步或滑雪后泡进大雪山露天风吕，美妙无比。

[汤元 涌驹庄]

它是“日本秘汤守护协会”在北海道仅有的6个成员之一。这里的温泉于1914年被发现，每分钟涌出300升以上的水。五口泉分别富含镁、钙、碱金属、铁和硫酸盐，而且直接由地下送进泉池，使用后排走，不加水调和，也不循环使用。

地址： 〒071-1472 北海道上川郡东川町勇驹别旭岳温泉 **电话：** 0166-97-2101 **网址：** www.yukoman.jp **日归温泉营业时间：** 神神之汤12:00—20:00（19:00停止入场），涌驹之汤、白之汤13:00—17:00（16:00停止入场）**日归温泉价格：** 神神之汤成人1000日元，小学生500日元，幼儿免费；涌驹之汤、白之汤成人1500日元

十胜川温泉

带广地区风景优美、物产丰富，拥有温泉度假胜地十胜川温泉。在这里，泡温泉不仅是身体上的享受，你还可以在氤氲的水汽中欣赏日高连峰、十胜川的壮丽风景。此处的温泉水是稀有的植物性褐炭温泉水，润肤效果很好，因此被称为“美人之汤”。这种湿地温泉类型在整个北海道仅此一处，因此被列入了北海道遗产。

[十胜 观月苑]

观月苑坐落在十胜川河畔，位置优越。“美人之汤”“绢之汤”广受女性好评。除酒店公用的露天温泉，许多客房里也有独立露天风吕，是情侣、家庭出行的绝佳选择。

地址： 〒080-0263 北海道河东郡音更町十胜川温泉南14-2 **电话：** 015-546-2001 **网址：** www.kangetsuen.com **日归温泉营业时间：** 13:00—20:00 **日归温泉价格：** 成人1000日元，小学生500日元，幼儿300日元

然别湖冰上温泉　骆仪摄

濑石温泉

古丹温泉　骆仪摄

[TIPS]

然别湖冰上温泉（冬季限定）| 然别湖
地址： 〒081-0344 北海道河东郡鹿追町北瓜幕 **时间：** 6:30—18:00 混浴，18:00—20:00 男性专用，20:00—22:00 女性专用 **门票：** 无 **注意：** 有更衣室，不可穿泳衣

古丹温泉 | 屈斜路湖
地址： 〒088-3341 北海道川上郡弟子屈町屈斜路古丹 **时间：** 全天候
门票： 无 **注意：** 附近有男女更衣室，可穿泳衣入浴

濑石温泉 | 罗臼
地址： 〒086-1806 北海道目梨郡罗臼町濑石 **时间：** 全天候 **门票：** 无 **注意：** 无更衣室，可穿泳衣入浴

[主编亲历]

泡野温泉，把自己交给大自然

撰文、摄影 ◎ **骆仪**

几次去北海道，无论是在大城市还是小乡村，我总是每天晚上都泡汤，被温泉治愈。在漫长的旅途中，有一些温泉给我留下了深刻的印象，它们不属于高端汤宿，有些甚至是郊外野温泉，仅能开车前往，没有住宿、没有更衣室、没有储存柜、没有管理员，自然也不收门票。与这些温泉的相遇，也是一期一会。

然别湖冰上温泉（冬季限定）

然别湖

自1980年起，每年冬天然别湖结冻后，人们会在湖上打造出一个冰上村“Kotan”（阿伊努语，意为“村庄”）。这里有冰迷宫、冰酒吧、冰教堂、冰剧场音乐会和可住宿的冰屋，因为冬天一过去就什么都不存在了，所以这里又被称为“幻之村”。村里甚至还有一个由冰砖砌成的温泉。湖畔有两栋酒店，冰温泉算不上隐秘，却是日本乃至全世界唯一的冰上露天风吕。

在-30℃的冰屋里迅速脱掉厚重的冬衣，泡进温水中，双手触摸着池边的冰砖，银色月光洒在宁静无人的冰湖上，洒在我的身上，此情此景，夫复何求。

古丹温泉

屈斜路湖

屈斜路湖畔的古丹温泉，也许是日本唯一能看到天鹅的雪见温泉。热气蒸腾的小溪、自在游弋的白天鹅、落满积雪的湖面、连绵的雪山和蓝天都在你面前如画卷般展开。男汤和女汤间有大石头隔开，但并不能遮挡视线，池子周边的石头更是低矮，接近于全露天混浴温泉。

濑石温泉

罗臼

知床半岛罗臼町，有日本最东北端的两个海边温泉，相泊温泉和濑石温泉，均是在明治三十二年（1899年）开发的。相泊温泉有简易的棚子遮挡，濑石温泉则完全开放。

在海水弥漫的岩石滩上，用大石头砌出两个小池子，这就是濑石温泉了。与其说是海边温泉，不如说是海中温泉。海水漫过脚背，随即脚底感觉到温热，温泉悄无声息地从岩石间涌出。涨潮时，温泉会被海水完全淹没，因此被当地村民称为“秘汤”。池里滑溜溜的带状物是罗臼知名物产昆布，顿时让人觉得自己成了昆布汤里的食材……这正是泡野温泉独有的“惊喜”。

滑遍北海道

撰文、摄影 ◎ **比利白**

北海道拥有十多个雪场，无论是以休闲为主的家庭度假式滑雪、观光式体验滑雪还是沉迷“白色鸦片”的雪疯子式滑雪，你都能找到适合自己的雪场。

PART 1 家庭滑雪度假型——Tomamu 度假村

Tomamu 滑雪场

[TIPS]

Tomamu 度假村滑雪场
地址： 〒079-2204 北海道勇払郡占冠村字中 Tomamu
电话： 0167-58-1111
网址： www.snowtomamu.jp
缆车一日券价格： 成人 5900 日元，儿童 3900 日元

Tomamu度假村是最受国人喜爱的北海道滑雪场之一，其配套的餐饮与活动是我去过的这么多日本雪场里最丰富的。另外，度假村在基础设施和活动设计上也体现了亲子便利之处，中文使用密度极大，非常适合家庭前往。

Tomamu滑雪场的雪道等级分布均匀，不同水平的滑雪爱好者都能找到适合自己的雪道。对于不满足于雪道的滑雪爱好者来说，度假村内也有树林探索区域，在接待处办理相关手续后，佩戴发放的袖章就能进山了，道外的粉雪任由你闯荡。度假村内的两间酒店都有直达雪道的出口，免去了背着繁重装备走路的痛苦。同时，酒店租赁中心提供完备的雪具租赁服务，品牌以萨洛蒙（Salomon）为主。

滑雪学校提供成人课程和儿童课程，有中文教练，在网上预约能享受优惠价。值得一提的是，专为小朋友设计的教学课程会插入冰雪游戏活动，同时滑雪教练的着装和教学器材上都有大量的卡通元素，给小朋友增加了不少乐趣。

在儿童游乐方面，度假村拥有日本最大的室内人造海浪游泳池，取名微笑海滩，浅水延伸区开阔，即使是小朋友也能安全畅玩。此外还有雪地摩托、香蕉船、家庭森林探险、制作年轮蛋糕以及冰壶体验课等，即使不滑雪，在度假村内也能每天不重复地参与各类亲子活动。

度假村内的餐厅极为丰富，在雪道区域的餐厅提供各类简餐，可以供游客方便快捷地补充体力，在酒店主楼则有各类美食可供选择。其中推荐森林餐厅Nininupri，那里的晚餐提供种类丰富的海鲜自助，餐厅侧面是整片的玻璃幕墙，可以看到百年树龄的松林，下过雪后更似童话世界。在结束了一天的滑雪运动后，可以去度假村内的“木林之汤”放松休息。露天风吕面朝山林，眼前空旷的雪地上还留有动物的足迹。

札幌国际滑雪场

PART 2 旅行顺路体验型——札幌国际滑雪场 & 手稻滑雪场 • • • • • • • •

札幌国际滑雪场

对于想顺路体验滑雪但行程紧张的旅行者来说，交通便利且服务设施完备是首先需要考虑的两个因素。札幌国际滑雪场位于定山溪温泉街附近的山区，距离札幌仅约一个小时车程，距离小樽约40分钟车程，交通十分便利。这里配套的雪具租赁、滑雪教练服务都相当完备，拥有7条雪道，是札幌地区规模最大的滑雪场。如果有小朋友同行，札幌国际滑雪场还有禁止滑雪滑板进入的儿童乐园，能让大人和小朋友都安心玩耍。

地址： 〒 061-2301 北海道札幌市南区定山溪 937 番地先
电话： 011-598-4511
网址： www.sapporo-kokusai.jp
缆车一日券价格： 成人 12 月至次年 3 月 4500 日元，11 月及 4 月 3600 日元；初高中生 2200 日元；小学生 1000 日元

手稻滑雪场

手稻滑雪场是1972年冬奥会的赛场，距离札幌市中心仅约30分钟车程，距离新千岁机场约60分钟车程，这里也是最接近札幌的粉雪地。手稻滑雪场拥有7条初级道、4条中级道、4条高级道，能满足不同级别的滑雪体验需求，同样，这里的滑雪用具和服装租赁服务非常周到。不想摔跤的话，初学者和小朋友还可以体验轻松的滑雪圈和雪橇。这里的部分区域甚至营业至5月，即使在春季前往，也能体验滑雪的乐趣。

地址： 〒 006-0029 北海道札幌市手稻区手稻本町 593
电话： 011-682-6000
网址： sapporo-teine.com/snow
缆车一日券价格： 12 月 8 日至次年 3 月 10 日成人 5200 日元，初高中生 4200 日元，小学生 2600 日元；11 月 17 日至 12 月 7 日、3 月 11 日至 4 月 7 日成人 3800 日元，初高中生 2800 日元，小学生 1800 日元；4 月 13 日至 5 月 6 日成人 3200 日元，初高中生 2200 日元，小学生 1200 日元

喜乐乐滑雪场

留寿都滑雪场

PART 3 时间宽裕的发烧友——留寿都滑雪场 & 喜乐乐滑雪场

留寿都滑雪场

留寿都滑雪场（Rusutsu Resort）拥有37条总长度42千米的雪道，18条先进的缆车，配有两个主要的酒店和大量餐厅以及服务设施，是北海道最大的单体滑雪场。从新千岁搭乘冬天运行的滑雪大巴，仅需90分钟就能到达。更重要的是，这里人少、安静，雪多且好玩。有轻盈飘浮着的干粉雪，富有挑战性的雪道，有趣的树林和为专业人士修建的以原木为道具的野雪公园。

雪道：留寿都的雪道大部分都是压雪的，相比崇礼的大冰面和欧美坑坑洼洼的雪道，这里的雪道压得还算不错，刻滑时很能吃住力，也不会突然上速度，非常适合大家在此成长进步。仔细看雪道图就可以发现，沿着山脊往下的红道与绿道又宽又长，而翻山越岭的连接道则多为黑道，多为非压雪的陡坡，十分有挑战性。天气晴朗时，还能在雪道上欣赏与富士山很像的羊蹄山，也可以远眺洞爷湖与太平洋上的粼粼波光。

野雪：留寿都和新雪谷类似，对于道外的管控并不严格。这里没有官方划定的入口和出口，虽然有禁滑标识，但并不能阻止胆大心细的各路好汉。缆车下面可以玩的东西也很多，还有各种各样的野台、野U槽可以体验。

夜场：只开放西山的部分雪道和两部缆车，其中一部可以到顶，时间从下午4点到晚上9点（3月后只开到8点）。在2月几个限定的“灰姑娘之夜”，还可以一直滑到午夜。夜场的另一个好处就是人少，比较适合在宽阔的雪道上练练基本功和白天不想练习的花活。

装备：建议想来留寿都爽滑野雪的朋友还是带上自己的装备，否则很难租到“像样”的东西。

地址：〒048-1711 北海道虻田郡留寿都村字泉川13番地
电话：0136-46-3331
网址：rusutsu.co.jp/ski
缆车一日券价格：11月23日至12月6日成人3700日元，儿童2000日元；12月7日至12月13日、3月16日至4月4日成人4900日元，儿童2600日元；12月14日至次年3月15日成人6200日元，儿童3200日元

大雪山国立公园

喜乐乐滑雪场

Kiroro不仅有喜感的中文名“喜乐乐”，还有北海道滑雪场排名第一的降雪量——年均21米，比北海道其他雪场多50%，是法国顶级雪场的3倍，是中国一流雪场的10倍。喜乐乐的雪能够轻松击败同期的新雪谷和留寿都，更难得的是，这里的雪一点也不湿黏。“雪疯子”们为了纯白粉雪千里迢迢而来，必定不虚此行。

雪道：喜乐乐滑雪场总共有9部缆车，其中有一部大型“贡朵拉”[1]缆车从山底直到山顶，其余的是普通的开放式缆车。从雪道图来看，喜乐乐的雪道分布十分平均，有几条不错的黑道，适合有一定水平的滑雪者。这里的雪道大部分都是压过的，有少量粉雪区，下大雪时，雪道上也是粉粉的状态，雪道两边的粉雪和树林也不错。

野雪：去山地俱乐部（Mountain Club）报备、得到一个手环后，就可以在粉雪世界里畅滑了，但千万要注意安全，建议至少拥有滑黑道的水平，最好组队而行，且携带专业的野雪三件套。

装备：在雪场的雪具租赁点可以租到较专业的雪板，有竞速板、公园板和野雪板供选择。

[TIPS]

地址：〒046-0593 北海道余市郡赤井川村常盘128番地1
电话：0135-34-7118
网址：www.kiroro.co.jp
缆车一日券价格：11月23日至12月6日、4月6日至5月6日成人3700日元，儿童2100日元；12月7日至次年4月5日成人及中学生4500日元，小学生2600日元

※ **注释**

1. 贡朵拉：空中循环式吊车，英语“Gondola”的音译，日语写作“ゴンドラ”。

PART 4 顶级高手——大雪山区域

在地广人稀的北海道中部，旭川与富良野一线，有Tomamu、佐幌、富良野王子、神居等多个滑雪区，还有许多人心心念念的大雪山国立公园。

其中，旭岳作为大雪山的主峰最为知名。但不要把旭岳想象成一个商业滑雪场，这里只有全季节的观光缆车和极基础的商业设施，几乎没有什么雪道。山顶的火山喷气口是旭岳缆车存在的意义之一，即使不滑雪，也可以来这里看看白雪覆盖的火山。

大雪山区域的滑雪区还有黑岳和十胜岳。黑岳的大吊箱每年1月进行整修，且其地形与天气更具挑战性，适合高水平的滑雪者来此享受北海道中部的最佳粉雪。十胜岳则只适合滑雪旅行（Ski Touring），对装备和体力的要求都很高。

[TIPS]

旭岳

地址：〒071-1472 北海道上川郡东川町旭岳温泉

电话：0166-68-9111

网址：asahidake.hokkaido.jp

缆车票价：12月8日至次年5月31日单程票成人及中学生1300日元，小学生650日元

国内雪场VS北海道雪场

地点	国内雪场（以崇礼为例）	北海道雪场
年平均降雪量	1—2米	10米以上
海拔	1000—2000米	1000米
气候条件	-20—-10℃，风大	-10—5℃，阴天较多
雪场雪道数量	10—20条	10—30条
雪道坡度	10—20度	10—30度
单雪道长度	1—2千米居多	长度不超过4—6千米
野雪	道内压雪，道外基本没有	道内大部分压雪，道外大量野雪
缆车情况	新建雪场缆车较新	新旧程度不一
拥挤程度	节假日人多	平日客流较少，节假日稍多
票价	400—600元/天（人民币）	300—400元/天（人民币）

大雪山国立公园

大雪山国立公园

北海道限定伴手礼

撰文 ◎ **蜜多狸**　　插画 ◎ **淑明**

选购一些本地限定的伴手礼，把只属于北海道的风花雪月、风土人情带回家。

小樽八音盒

小樽八音盒博物馆

说到小樽，除了《情书》就是八音盒和玻璃制品了。建于1912年的八音盒博物馆采用复古的欧式砖造外观，内里更是琳琅满目，陈列着来自世界各地的几千种八音盒，玩偶、木马、寿司等，造型各具特色。你还可以挑选外观与曲目，制作独一无二的八音盒。

小樽玻璃风铃

小樽北一硝子

走在小樽街头，你会发现各种“硝子馆”，那就是玻璃商店了，其中著名的“北一硝子”创立于1901年，是小樽最具规模且历史底蕴丰厚的玻璃作坊。玻璃制品早已从最初的实用物件演变为今天缤纷多彩、造型各异的艺术品，彩色灯罩、玻璃杯、风铃、摆件等，都是自用或送人的上佳选择。你也可以在见学工房学着烧制一款风铃，享受做手工的乐趣。

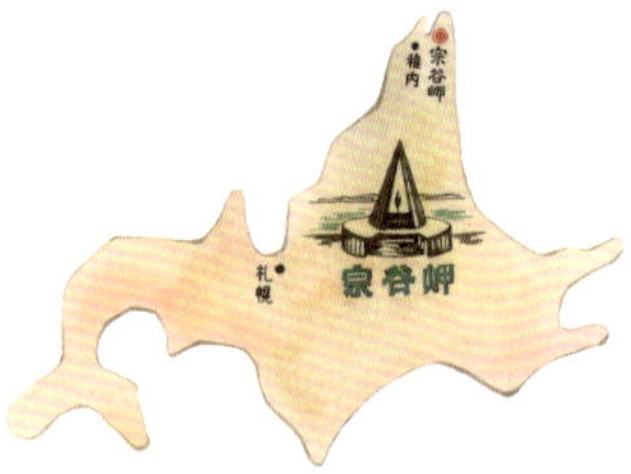

北海道限定明信片

各地纪念品商店、邮局

如果你喜欢在旅行途中寄出独具当地特色的明信片，北海道绝对能满足你这一爱好。北海道的明信片不是规规矩矩的长方形，造型和图案非常丰富，如狐狸、木雕熊、札幌时计台、成吉思汗烤肉饭、大玉米、紫丁香……甚至还有用桦木做成的北海道地图，都是北海道美好风物的代表。许多地方的邮戳也描绘了当地特色景点，值得珍藏。

北海道吉祥物 kyunchan

各地“四季彩馆”等纪念品商店

一抵达新千岁机场，你可能就会看到头戴鹿角造型帽子的“kyunchan”（キュンちゃん）正在微笑着和你招手。它是北海道旅游宣传的吉祥物，以北海道特有的生物鼠兔为原型设计，头套上是北海道特有的梅花鹿北海道亚种。它只会说“kyun”，所以叫kyunchan，“chan”在中文里译作“酱”，是比较亲昵的人名后缀。kyunchan微笑的表情和圆圆的身体非常可爱，送给小朋友再合适不过了。

登别鬼摆件

登别温泉一条街

当你徜徉在登别的温泉一条街时，一定会注意到街边的鬼雕塑。别害怕，这一赤一青二鬼，可是登别地狱谷的守护神，看他们瞪大的眼睛和尖尖的獠牙，威风凛凛。登别的商店里也多能找到相关的纪念品，带回家镇宅，绝对没错。

“猴蹦出”内裤

网走监狱博物馆纪念品商店

去北海道买什么礼物送给男朋友？最安全的自然是白色恋人或其他名牌巧克力，如果想搞怪一点，不妨考虑这款内裤，其创意大概来自北海道山林常见的“熊出没”标识。这个系列还有鹿、龟、奶牛等动物，还可以搭配熊铃一起使用！

JR 纪念品

JR 新千岁机场纪念品商店

许多人会特地前往已停运的幸福车站，为自己买一张通往“幸福”的车票。其实，北海道还有很多名字非常独特的车站，如已废弃的留萌本线增毛站。如果你有饱受脱发问题困扰的朋友，给他选购一个增毛站的冰箱贴或钥匙扣吧，说不定他能重新拥有茂密的头发呢！

SAVON de SIESTA 初雪手工皂

札幌大通公园直营店 Siesta Labo

Siesta Labo出品的SAVON de SIESTA系列初雪手工皂片是北海道限定产品，选用北海道的天然材料制成，一点水就能打出细腻丰富的泡沫，宛如一片片洁白的雪花在你的手心慢慢融化。有了它，你不需要再遗憾不能把北海道的雪带回家了！

FEATURE
特写

V 君画着歌舞伎脸谱的超级啤酒肚非常有气势，曾多次登上肚脐祭海报和广告牌。王蕾摄

大呀大肚腩，舞呀舞起来

撰文、摄影 ◎ **王蕾**

位于北海道“肚脐”位置的富良野每年7月底都会举办肚脐祭盛会，数千人肚皮作画当街起舞，热闹非凡。

当全世界都在腆着肚子招摇过市时，谁都不会介意羞耻心这块遮羞布了，不是吗？

姑娘舞姿曼妙，充满异域风情

啊～中间的，正中间的，就在那最正中间的哟
如果娶了那大肚脐的姑娘为妻的话
她持家有道，很快就能富甲一方
不是挺好的吗，不是挺好的吗，不是挺好的吗

啊～中间的，正中间的，就在那最正中间的哟
那些并不讨喜的世界的人哟！
如果也来这里跳舞的话，大家也会喜欢你们的
不是挺好的吗，不是挺好的吗，不是挺好的吗

从新千岁机场出发辗转三个多小时后，我终于来到了富良野站。但我此行的目的地却并非游人如织的花田。走出车站，北海道肚脐祭的吉祥物“肚脐小丸君”（へそ丸君）的雕塑便映入眼帘，原本因为小雨迟迟不停而略感怅然的心情顿时添了几分雀跃与期待。肚脐祭（へそ祭り），这个仅属于当地的小众节庆，究竟会是一场什么样的祭典呢？真能如民谣所唱的那样，“来这里跳舞的话，大家也会喜欢你们的”吗？

肚脐祭在夕阳余晖中开始

"北海道肚脐人"

1969年，富良野市民宪章出台，其中有这么一句："我们是坐落在北海道中心地富良野的市民。"如果说人体的中心是肚脐，那么北海道的肚脐就是富良野了，富良野人自称"北海道肚脐人"的历史由此开始。

"节庆祭典最重要的就是独特性，不妨好好利用肚脐来劲舞一场吧。"富良野站附近商业街的居民在深思熟虑后推出了"肚脐舞"。然而，头一回听说肚脐舞的富良野人反应冷淡，大费周章办起来的首届肚脐祭仅有11人参加。

到了2019年，肚脐祭已举办到第51届，游行人数超过4000人，且吸引了7万余日本国内外游客，成为北海道地区非常有代表性的庆典。为了提高民众的参与度，日本的庆典多在周末举办，肚脐祭却执拗地固定在7月28日和29日两天，即使下雨也不改期。

据说人们在原始森林里开荒时，需要气聚丹田才能用大力砍倒巨树，而丹田就在肚脐处的位置。于是，富良野民众举办肚脐祭，也传承着辛勤勇敢的拓荒精神。肚脐成了当地的流行词，肚脐马拉松、肚脐公园（富良野中心标公园）、肚脐标（北海道中央经纬度观测标记）、肚脐童谣、肚脐西瓜、肚脐街……顶着"肚脐"字眼的名词在富良野市内比比皆是，更不用提各种以肚脐为名的节日限定糕点了。

千人千面肚脐绘

胖肚脐、瘦肚脐、白肚脐、黑肚脐……千人千面的肚脐绘，就是肚脐祭的灵魂所在。虽说主办方贴心地准备了常用肚脐绘的画册，但每个人心中都有自己的肚脐图鉴。不管连年参加的"老司机"还是首次参战的"菜鸟"游客都更喜欢自选图案。有些人特地带来了事先打印好的参考图案，也有些人只是给出了关键字，坐等绘制。

大多数人画肚脐绘是为了参加晚上的巡游。富良野市民纷纷以平时参加的社团为单位组成小方阵，各方阵人数不定，但都会精心设计自己的肚脐绘和配套服装。临时加入的游客也有一个属于自己的百人方阵，名为"绊"，每天下午3点开始接受临时报名，当场绘制，图案可以从主办方提供的图鉴中挑选，也可以提出自己想要的图样，自由度很高。当然，不参加巡游的人也可以在下午前往绘画区给自己的肚子化化妆。

帮忙绘制肚脐绘的大多是来自富良野当地高中美术社团的志愿者，绘画条件有限，很多学生就直接在自己的手或身体上调色，一画就是一下午，还要时不时地接下临时参与者丢过来的“考题”。当我问起画肚脐绘和平时画画有何不同时，几个学生一边继续作画，一边腼腆地笑着说，他们其实并没有多想，只是把肚皮当成画纸认真画，不能坏了美术社团的声誉。

除了参与者的特别定制图案，肚脐绘图案依旧以传统的歌舞伎脸谱和在青少年中较为流行的动漫形象为主。不过在肚脐大巡游中也能看到一些富良野当地社团自主设计的脸谱。设计者别具匠心地为脸谱搭配了新颖有趣的服装，成为肚脐造型大赛中有力的竞争者。

全女班抬神轿

“抬神舆”（みこし）是日本神道教传统祭典中的常见仪式，神舆作为神明专用的出行工具，是庆典时请神镇座的特别道具。为了彰显神威，町众们喊着统一的口号，抬着黄金闪闪的神舆，号子声也跟着响彻町内的大街小巷，称得上传统祭典中一道特别的风景线。在浩浩荡荡的队伍中，神舆顶金凤凰扑闪扑闪的翅膀既拉风又充满仪式感，参与抬神舆也被很多日本人乃至长居日本的外国人列为人生必经体验。

肚脐祭虽然并不是传统神道教节日，但在创始之初选定了北真神社（又名肚脐神社）作为肚脐祭的靠山镇社，因此也有抬神舆仪式，确切地说是女神舆，也就是负责扛起神舆一路巡场的都必须是女性。黄昏时分，女神舆队伍由富良野站出发，前往肚脐祭主会场。清一色的女性在领头阿婆的带领下，喊着“塞咿呀～飒！塞咿呀～飒！”的古老方言号子。暮色渐浓，夕阳的余晖洒下最后一片红，搞怪的肚脐祭巡游就在别样的神圣感中开始了。

“这么多人看到我的肚子都乐呵呵的”

“当全世界都在腆着肚子招摇过市时，谁都不会介意羞耻心这块遮羞布了，不是吗？”听到W君（见第136页）的这句话，我醍醐灌顶，这个小小的地域性节日能获得如此多民众喜爱的奥义原来在这里。“其实参与这个节就是图个开心，没什么特别的想法，这么多人看到我的肚子都乐呵呵的，我也觉得很开心。”

W君可以说是近几年来肚脐祭的最佳形象代言人了，他画着传统歌舞伎脸谱的超级啤酒肚上过车站广告牌、海报和官方网站。他已经迁离富良野，但每年都会回来参加肚脐祭。

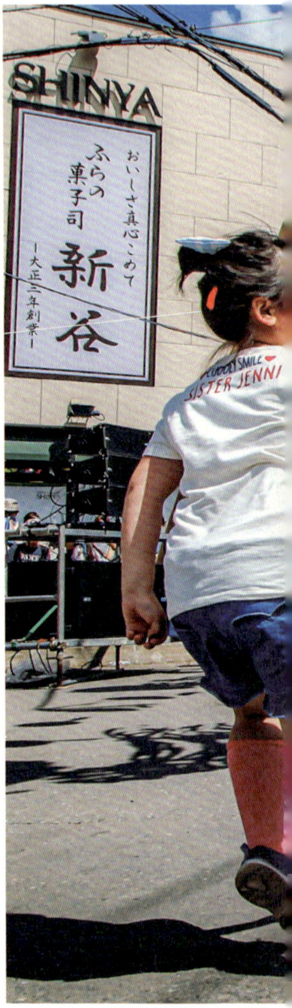

小朋友的参与给肚脐祭带来了稚气和活力

小朋友的参与给肚脐祭带来了稚气和活力

小朋友的参与给肚脐祭带来了稚气和活力

全女伴抬神舆

“肚腩”也需要休息

夜色中的巡游队伍色彩瑰丽

“奥特曼”很抢镜

[TIPS]

时间： 每年 7 月 28 日至 7 月 29 日
地点： 北海道富良野市新相生通特设会场
最近车站： JR 富良野站
观看： 由于整条新相生通在大巡游期间都成为舞台，所以并不需要特别提早前去占位。但如果希望尽可能多地看到各类社团表演和舞台展示，建议可以在主舞台两侧选择一个视野良好的位置，并注意挡雨避暑
参与： 每天 15:00 开始，可以在距离主舞台一侧约 5 分钟路程的小广场内报名临时方阵（飛び入り参加者）。每天仅限 100 人，建议尽早前往，在 17:00 前完成肚脐绘，17:30—18:00 跟随工作人员练习巡游时的舞步
费用： 参与夜间大巡游的套餐为 2000 日元，包含斗笠、祭典法被、毛巾、蒲扇以及肚脐绘脸谱图鉴。只画肚脐绘而不参与大巡游，仅需支付绘画费 50 日元

温馨提醒

1. 如果不习惯露肚皮，也可以请工作人员在现场贩卖的白色 T 恤上绘制，或者穿浴衣参加。只是露出肚皮而没有肚脐绘的话是无法参加大巡游的。
2. 穿戴上专用的竹竿手和祭典法被之后行动会比较不便，建议在去过洗手间之后再去穿戴，并在穿戴完毕后尽量减少移动，行走时推荐螃蟹式走路方式，以免和他人发生碰撞。
3. 肚脐绘使用的颜料并不防水，请注意保护肚子上的图案。颜料干燥后也比较容易开裂，需要尽可能地减小动作幅度。

给肚脐颁奖

晚上 7 点整，现场演奏的北海道肚脐民谣响起，肚脐祭吉祥物肚脐小丸君打头阵——肚脐大巡游开始了。风格各异的肚脐绘自然是大巡游的看点，但在五花八门的道具及服饰的衬托下，最美、最真且最后深深地留存在心中的还是每个人的笑靥，这不禁让人怀疑，或许肚脐只是个幌子，笑颜才是最大的主角吧。

最后还要来个肚脐大颁奖，分成大肚脐、小肚脐、美肚脐、肚脐造型等。大肚脐奖？莫非肚脐最大的能拿奖？这大肚脐、小肚脐奖是竞争非常激烈的两个项目，分别仅限初高中生社团和小学生及以下的社团报名参加，宣布获奖社团时，全场欢呼声雷动。美肚脐奖，顾名思义是评选出肚脐绘最吸引人的那一位，但并不是画得美就可以得奖，还需要综合巡游时的舞步及呼吸时肚脐的“表情”。今年的美肚脐奖得主是一位中年大叔。

制作步骤

1. 上粉。以白色粉底（与歌舞伎和艺伎妆使用的一样）均匀涂抹整个前胸，注意要涂匀。女性可以仅涂抹腹部。

2. 风干。用大块海绵轻轻拍打前胸让白粉服帖，相当于定妆，这一步的重点是止汗。一块“白色画布”就此准备妥当。

3. 绘制。首先用黑墨勾线，画出基本轮廓和口鼻唇的位置。这一步是决定最终肚脐画优劣的关键。根据肚脐的位置画出恰到好处的五官，才能让肚皮上的脸随着呼吸起伏变得鲜活灵动。

4. 涂色。要善用白色点睛并充分利用有限的颜料调出理想的配色，才能使最终的画面丰富出彩。

5. 着装。上色后肚脐绘就算完成了，挺着这样的肚子“招摇过市”也没关系。但如果希望参加大巡游，则要在工作人员的帮助下穿戴斗笠、竹竿手和祭典法被，背后插上蒲扇，才算大功告成。
完成后，整个身躯为头，斗笠遮盖了原本的头面，以肚脐为中心绘制的新脸仿佛有了生命力，会随着呼吸运动些微张合。腰部以下为身体和四肢，远远看去整个人仿佛二头身的Q版卡通人物，可爱极了。

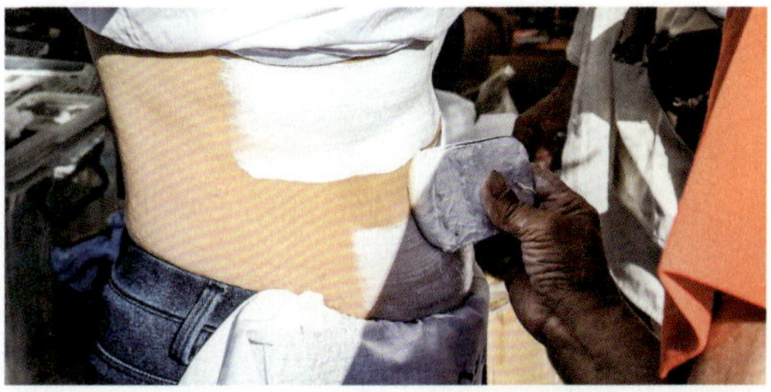

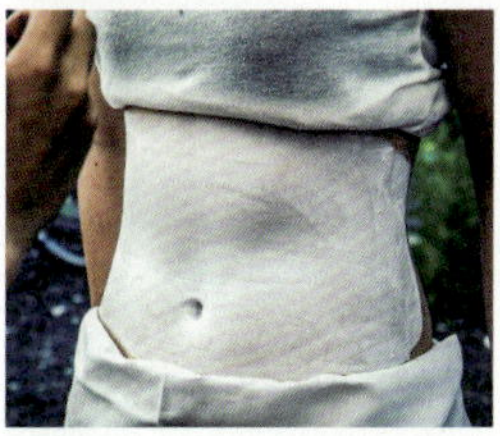

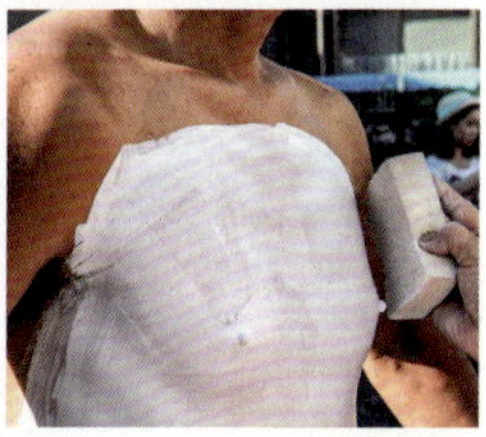

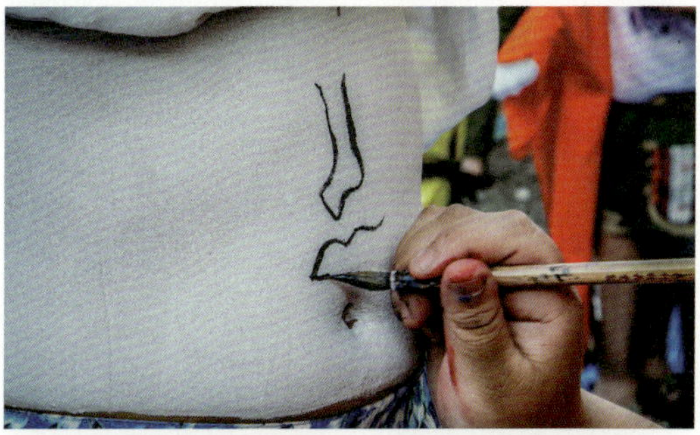

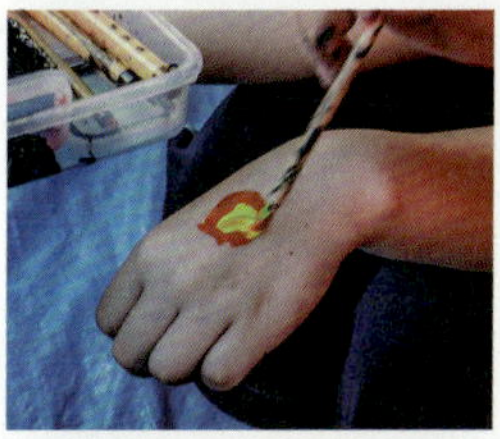

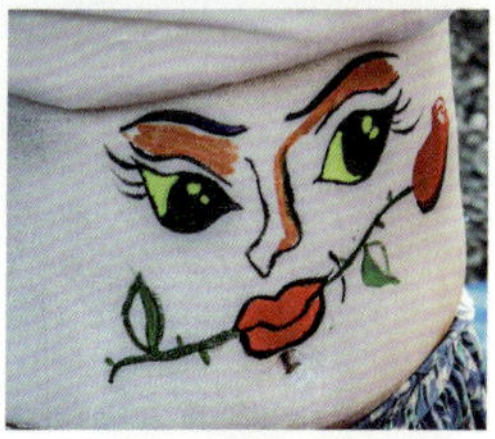

1	
2	2
3	
4	4
4	4
5	

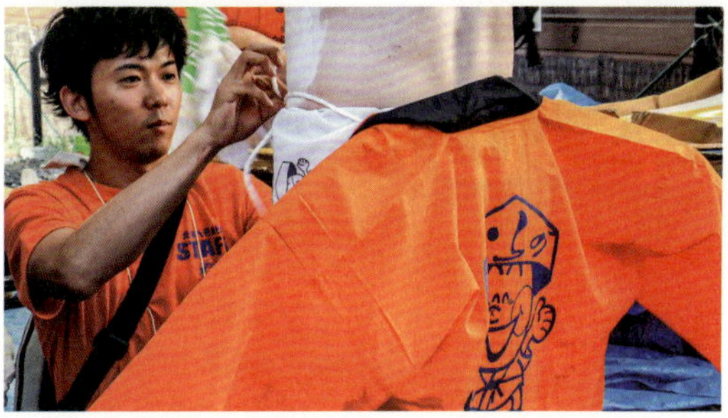

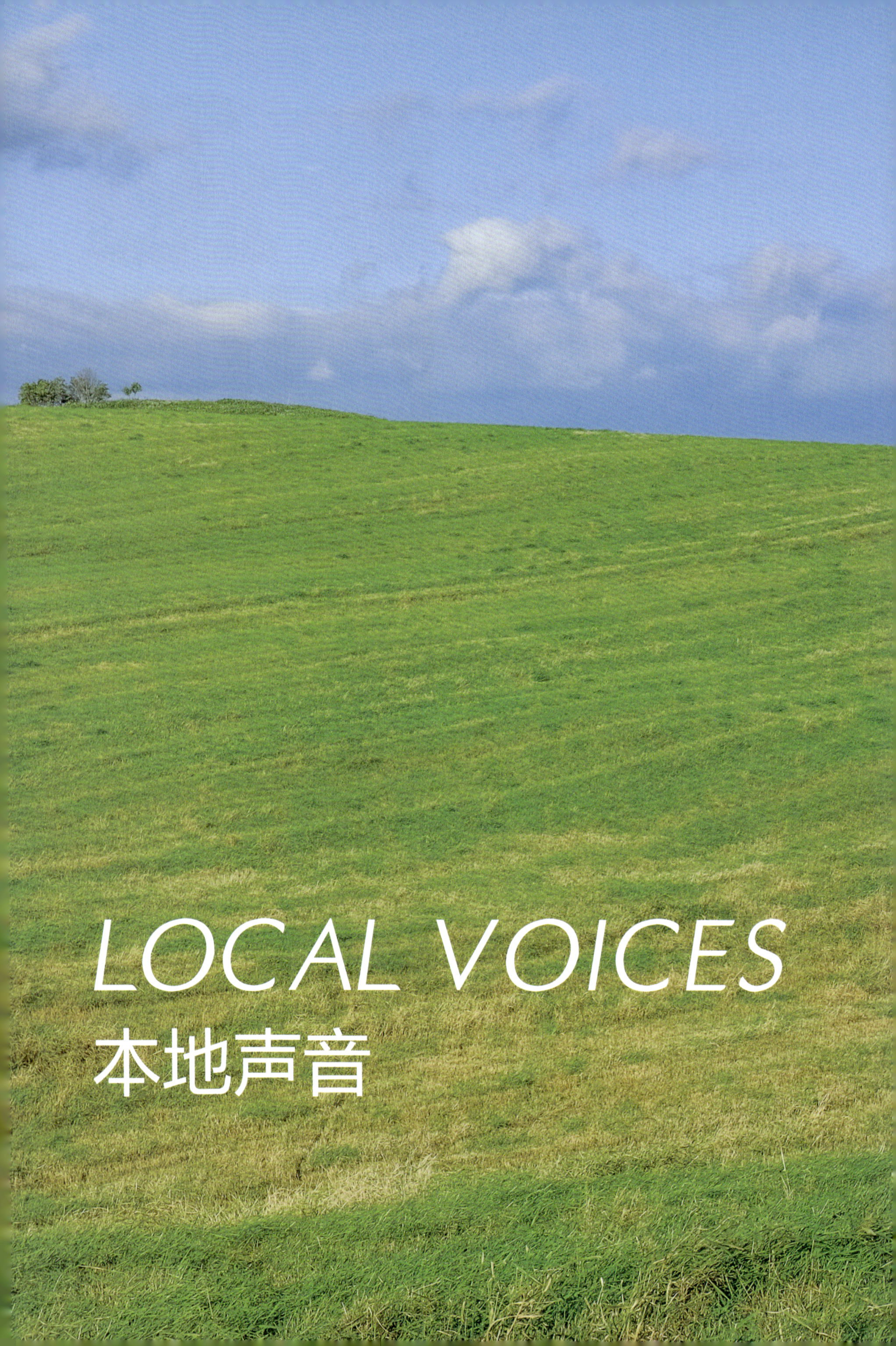

LOCAL VOICES
本地声音

在北海道，你拥有广袤的自由，也要学会与孤独为伴 / 骆仪摄

[01]

在日本最美乡村，我有一所房子，种菜养羊，自给自足

撰文、摄影 ◎ **骆仪**

服部佐知子一家从大阪迁回北海道鹤居村，用20年时间把童书里的世界变成了现实。

带娃来打工的村民

花园

※ **注释**

1. 日本最美村庄： 日本最美村庄联盟成立于2005年，迄今共有63个成员，包括北海道的美瑛町、标津町等。

或许每个人都曾有归隐乡村的梦，采菊东篱下，悠然见南山。北海道就是一个理想的梦乡：天地开阔，风景壮丽，空气纯净，人和动物和谐相处，还有肥美的海鲜和治愈的温泉。从大阪回归家乡的服部佐知子安家在“日本最美村庄”[1]鹤居村，种菜养羊，经营民宿和咖啡厅，实现了自己田园牧歌、自给自足的童年梦想。

香草、布艺和西餐

山丘上坐落着几栋红色房顶的小屋，分别是餐厅、民宿、芝士工坊和主人家。屋子外面有一片香草花园和几张铁艺椅子，你可以坐在这里瞭望广阔原野。四下清静无人，偶尔有车从远方的公路上开过，犹如移动的火柴盒。这里就是服部佐知子20年来打造的梦想家园，民宿Heart and Tree。

寒冬2月，我去鹤居村拍摄丹顶鹤，入住Heart and Tree。佐知子的女儿桃子把我从车站接到家，她脱下羽绒服，露出里面的碎花拼布围裙。再打量这家民宿，被褥、纸巾盒、桌布、地毯、蕾丝窗帘、香草十字绣挂画……这些田园风的布艺，让我在千里冰封的时节，一进门就感受到了家的暖意，又像走进了一个现实版的童话世界。

从钏路市区乘班车到鹤居村要一个小时，这是个仅

鹤居村风景

有2000多人的村庄，面积达572平方千米，但没有公共交通，隆冬时节也很少有餐厅营业。预订Heart and Tree的三餐是唯一选择，对偏僻山野的乡村料理，我也没有太高的期待。

当食物端上桌时，我先是意外——居然不是日料而是西餐——继而感到惊艳。黄的彩椒、红的圣女果、橙的胡萝卜雕花、紫的甜菜根、白的萝卜丝、绿的西蓝花，五颜六色搭配得很亮眼，摆盘虽然不如高级西餐厅那么精致，却也花了一番心思。所有料理均使用当地食材，全手工制作而成。现烤的面包非常香，很有弹性，还有意大利烩饭和主菜蔬菜炖猪肉以及甜品玫瑰慕斯！

上菜的是一位欧美面孔的小帅哥，我想当然地以为他是大厨。但其实不是，从面包到料理全部出自Heart and Tree的女主人佐知子，小帅哥只是来打工换宿的。佐知子可不是我以为的普通农妇，她年轻时到大阪的专业料理学校学习法餐，现在还经常给报纸写菜谱专栏。

草原小屋的童年梦想

盛夏8月时，我再次来到Heart and Tree。山丘上一片青葱，服部家的几只小羊在欢快地吃草。在现烤面包、橄榄油和香草的气息中，身穿碎花拼布围裙、头戴碎花头巾的佐知子跟我聊起自己为什么要从大阪搬回北海道。

佐知子1961年出生在阿寒町，18岁去大阪学厨艺，22岁嫁给大阪男人服部政人，29岁时有了第一个孩子桃子。“大城市里什么都有，我生娃前都从超市买食物，”佐知子说，“生娃后，我想要安全的食物、新鲜的蔬菜，没有化肥农药，梦想就是自己做饭、养羊，有花园和农场，自己生产蔬菜和牛奶、芝士、奶油。”

佐知子从小就爱看外国童书，《绿山墙的安妮》《草原小屋》等故事让她梦想着凭自己的双手创造一切。“我梦想的家不必是日本风格的，我喜欢欧洲，北海道的风景也像欧洲。日本料理总是肉肉肉，西餐则是奶制品占据重要地位，蔬菜的做法也很多。”于是，在大阪学到正宗法餐后，佐知子决定搬回家乡，在北海道农村建造一个欧美童话世界。她的想法也得到了丈夫的支持。

1991年，服部夫妇带着10个月大的桃子搬回北海道。佐知子在别人家的农场帮工，学做农活和奶制品，同时寻找理想的村庄安家。“看来看去，还是鹤居村的风景最美，别的地方可没有丹顶鹤。”此外，鹤居村的政策和福利都很有吸引力：这里水费便宜，公路修得好，个人农场主可以申请资助，生孩子可以得到一大笔补贴，孩子在15岁以前的医疗费全免，上学的交通费也有折扣。

七年后，服部夫妇买下鹤居村这个山头，建起房子和农场，随后开设民宿和西餐厅，以“服部”(Hattori)

早餐

玫瑰慕斯蛋糕

[TIPS]

Heart and Tree
地址：北海道阿寒郡鹤居村字雪里 496-4
电话：050-3573-9603
邮箱：heartntree@reuther-ban.com
网址：heartntree.jimdo.com
价格：每个房间夏季 12800 日元起，冬季 14800 日元起，包早晚餐（不含税）

为了儿时梦想
已婚、生子、30 岁

依然有勇气
从头开始

凭自己的双手
创造一切

和附近的森林为灵感，取名Heart and Tree。“我们专门选了这个最高的位置，可以看到最美的风景。”房间里有超大的窗户，阳光照着木头餐桌，冬天的雪景、夏天的青翠田野都是佐餐秀色。37岁时，佐知子终于实现了拥有一间草原小屋的童年梦想。

后来，佐知子又开设了厨艺学校和香草学校，村里的主妇可以带着孩子来打工或上课。“我希望创造家庭主妇也适合的工作条件，让她们的人生继续向前。”

隐居山村，心怀世界

一直支持妻子实现梦想的服部政人也有自己的事业。身为非营利组织（NPO）“美丽村庄・鹤居村观光协会”的法人和北海道观光大使，他和团队为游客提供农活体验、奶牛场体验、单车游、湿原和山地徒步等多种活动。四年前，服部的小儿子和儿媳妇在东京学成厨艺，搬回家乡成为妈妈的得力助手。服部全家都能说流利的英语，这在北海道乃至全日本的民宿中都不多见。

开业没多久，佐知子就登记成为WWOOF（世界有机农场机会组织）的房东，接受全世界的人来打工换宿。迄今已经有超过700名换宿者，最年长的一位达61岁！“这里常年有三四名换宿者，最多的时候有10人，我们还一起演话剧！”佐知子说，Heart and Tree就像一个社交聚会场所，她通过换宿者和客人了解外面的世界，世界各地的人也在这里交朋友，晚上一起喝酒聚会。冬天，超过80%的客人都是外国人。佐知子也不满足于在鹤居村待着，每个月，她会选定一个国家作为厨艺课主题，每年组织一次出国旅行学厨，越南、土耳其、澳大利亚……

佐知子让换宿者称呼丈夫和自己为“欧多桑”“欧嘎桑”（日语的爸爸、妈妈），“全世界都有我的‘孩子’邀请我去他们家做客！”

“我听说如果京都人邀请你去家里做客，可不能当真。”我说。

“这是老一辈的寒暄，年轻人之间说得比较真。换宿者叫我去他们家，我就真的会去，可能因为我还年轻！”佐知子爽朗大笑。

住在Heart and Tree的日子里，我想起新垣结衣早年搭档生田斗真拍摄的纯爱电影《花水木》。清纯小花和俊俏小生的组合，加上钏路湿原的风景，十分养眼。电影讲述了一个典型而老套的乡村爱情故事：女孩子向往着大城市，孤身去东京打拼，与青梅竹马的恋人渐行渐远，最终，她厌倦了在外漂泊，回到故乡，重遇前男友。而我遇到的，是一个情节相反却更有力量的现实版童话：为了儿时梦想，已婚、生子、30岁，依然有勇气从头开始，凭自己的双手创造一切。

在Heart and Tree的最后一晚，服部夫妇邀请我和两名换宿者到他们家里开party。吃着成吉思汗烤肉，喝着酒，佐知子问我：“骆仪桑，你的梦想是什么呢？”

服部夫妇和小儿子

服部的家

服部佐知子的儿子在做面包

Heart & Tree 餐厅

Heart & Tree 餐厅的风景

服部佐知子在做面包

她工作的时候最美了

J MOOK：Heart and Tree开在远离城市的村子里，是怎么被人们发现的呢？

佐知子：以前人们认为餐厅都要开在大马路边，知道我要在村里开店后，大家纷纷打击我，但我不管。在那个年代，日本农村的已婚女性做全职主妇的居多，经营西餐厅的很少见，乡村西餐厅更少见，后来就有电视台来拍摄。Heart and Tree一下子就火了，来光顾的客人排起了长队。

J MOOK：从那以后就生意很好了吗？

佐知子：正因为生意太好，丈夫、孩子没人照顾，只能吃日料。我没法处理事业和家庭之间的矛盾，一气之下把民宿和餐厅都关掉了，整日以泪洗面，陷入抑郁，两年后才振作起来。

J MOOK：是因为什么振作起来的呢？

佐知子：我听说北海道有一个七十多岁的老人去走中国丝路，骑骆驼旅行一个月。我才三十多岁，想做什么事就应该努力一下。家人也很理解，并支持我重新开业。

J MOOK：欧嘎桑要做饭、打理民宿、教厨艺、写专栏，这么多事情忙得过来吗？

佐知子：我每天4点起床，处理民宿的预订邮件、写菜谱专栏、处理公司其他业务、想好当天的菜单。5点到6点做面包和早餐，随后准备午饭，教芝士课。当我需要时间思考时，我就去修整花园。

J MOOK：将来有什么计划？

佐知子：写作，出自传和菜谱。我想告诉人们：做菜能让

Q&A

你开心，而且简单易学。

J MOOK：欧嘎桑这么能干，打拼出自己的事业，好像跟日本传统家庭主妇不太一样。
服部政人：传统型的妻子很美好，但不传统的妻子我也ok。我喜欢欧嘎桑的style，她工作的时候最美了，我喜欢做家务。
佐知子：我什么家务都不做（笑）。

J MOOK：欧多桑是大阪人，来到北海道农村生活，会想念大城市的繁华热闹吗？
服部政人：我是city boy，但是，人只能做一件事，如果欧嘎桑留在大阪，她会很悲伤。这个村子也需要她。打理Heart and Tree，我们一家、员工和客人都开心。我们可以一起实现梦想。

J MOOK：在小村庄的生活是什么样子的？
服部政人：最近的邻居在1.5千米以外，出去串门要开车。一喝酒全村人都知道，不像大城市有那么多隐私秘密。冬天下雪不能经常外出，要么悲伤抑郁，要么在家喝酒。在家喝酒是最开心的事了！

J MOOK：欧嘎桑和欧多桑结婚几十年，感情还这么好，有什么秘诀吗？
服部政人：在我看来，好的婚姻，最重要的是这三点：双方都要有自己的工作；夫妻俩要有共同的梦想；每天都要有聊天的时间，别因为忙工作、忙家务而忽略了交流谈心。

[02]

你不知道的北海道

采访协力 ◎ **都会生活研究专案团队 · 大泽玲子**

北海道居民眼里的北海道，可能跟游客的认知大相径庭。

食物篇

啤酒蒸馏器

啤酒消费量日本第一，其次是葡萄酒

“回到北海道，喝了札幌啤酒就会觉得好舒服啊！”集中了啤酒支持者诸多赞美的就是北海道限定啤酒——“Sapporo Classic”。

在明治维新时政府“殖产兴业”政策的带动下，北海道的啤酒工业渐渐发展繁荣，当地的啤酒消费量也很高，札幌的啤酒购买量和支出金额都是日本第一。也许是当地人认为啤酒与成吉思汗烤肉特别配，或者冬天的室内也很温暖的缘故吧，在这么寒冷的地方竟然有如此多的啤酒爱好者。

在北海道，专门用来酿酒的葡萄种植面积也是日本第一。没有梅雨季节、气候凉爽、湿度较低、昼夜温差大等，都让这里的自然环境非常适宜葡萄种植。自2018年起，日本对日本产葡萄酒的包装标示要求也更严格了，只有使用85%以上的当地葡萄且在当地酿造的葡萄酒，才能在包装上标示“某某地产葡萄酒”的字样。这一改变也让更多的酒厂为了能给自家商品打出“北海道产”的名号而搬到了北海道。

天下第一的荞麦王国

北海道是日本最大的荞麦生产地，荞麦收获量占日本全国的45%（排名第二的长野县仅占8%），可谓名副其实的“荞麦帝国”。北海道夏季凉爽、昼夜温差大，对荞麦生长十分有利，因此从开拓初期起，荞麦就是当地的主要作物。

北海道内最大的产地当数上川管内的幌加内町。在町内的幌加内高中，与荞麦有关的课程是必修课，而在十胜管内新得町的北海道新得高中，所有的高一学生必须学习打荞麦面的方法。打荞麦面的高中生？应该说他们太帅了！

此外，北海道还是全日本最早能吃到新鲜荞麦面的地方。去北海道吃新鲜荞麦面，这不是很会享受吗？

搭地铁要站着才算有型

不放过任何座位空隙
硬要把屁股挤进去的
计较行为

只属于大阪大婶

※ **注释**

1. 应仁之乱：1467 年至 1477 年的室町幕府内乱。

大雪中的札幌 许阳摄

交通篇

道路笔直

充分体现了这种魅力的道路就是从札幌通往道内第二大都市旭川市的国道12号。其中从美呗到滝川市的路更被称为“日本最长的直线公路”，全长29.2千米。

北海道拥有许多笔直道路的主要原因在于这里的历史还不满150年，多是先开拓马路，周围才逐渐发展出城镇。“说起最近的事，就是应仁之乱[1]”（假京都腔），可以说，北海道与历史悠久的京都完全是两回事。

将每条路都当成高速公路（夏日限定）

与田园牧歌式的印象相反，北海道因交通事故死亡的人数一直排在日本前十。1993年至2004年，北海道交通事故死亡人数更是连续11年日本第一！每条马路都又直又宽，一不小心就会超速行驶。生长在这辽阔之地，本就不拘小节（随便？）的“道产子”，变得更加随心所欲，即使限速50千米，也常开到60至80千米。

“专用座位”绝不可擅坐

如果看到车厢内有空荡荡的座位，那很有可能是专用座位，即为老人家、孕妇或残障人士提供的座位。明明开车都不遵守限速的北海道人，却绝不会打破专用座位的禁忌，这般遵从礼节的地方还真令人感到不可思议。

说不定在北海道搭地铁要站着才算有型？！请记住，不放过任何座位空隙，硬要把屁股挤进去的计较行为，是只属于大阪大婶的专利。

街道篇

不知道札幌时计台的位置

常常在电视节目或杂志中出现的北海道“必游景点”，就是札幌时计台。荧幕上的西洋风白色建筑与刻着古典数字的时钟满载异国风情，但实际走访后却发现意外地平庸，令人不禁怀疑：“咦，就这样？”当地居民并不会来这里游览，而且根本就忽视了时计台的存在，甚至有时问路时，他们也不知道时计台在哪。

其他热门景点，如札幌羊之丘展望台、克拉克博士铜像、札幌电视塔、北海道厅旧本厅舍等，当地人都不会去，这就跟东京人很少去东京铁塔一样。唯一一处观光客与北海道人都会去的观光景点，就是旭山动物园。

在克拉克博士铜像前拍结婚照的情侣　许阳摄

北海道大学风景优美，也是谈情说爱的好去处　骆仪摄

购物篇

顾客满意度最高——最强便利店“Seicoma”

北海道顾客满意度调查结果显示，Seicoma在便利店类里从2011年至2019年几乎一直排在第一位，仅在2015年以微弱差距负于“7-11”。

Seicoma诞生于1971年，比“7-11”更早问世。与后者多开在市中心不同，Seicoma几乎覆盖了北海道全境。在北海道的179个市町村中，175地都有Seicoma。提供用餐设施的Seicoma店不断增加，冬天进店取暖也很方便。Seicoma目前有超过1000种自选商品，其中又以北海道牛奶、调味成吉思汗羊肉等最受观光客欢迎。

粮食自给率高达221%

“北海道生产”这个字眼蕴藏着无比的吸引力，就算是陷入经营低潮的百货公司，都能借着北海道物产招揽客人。即使是同类型的鱼，标上“北海道直送”就会让人觉得好吃数倍。在日本47个都道府县中，北海道的品牌力肯定是最高等级的，其粮食自给率高达221%，农产品量与渔业产量同时高居日本全国第一。

风俗篇

离婚率非常高

北海道的离婚率在日本国内也是数一数二的（全国排名第2—4名）。原因之一是地域血缘的约束力较为薄弱，家族史也顶多三四代，就算离婚，也没有几个会说三道四的亲戚，更没有一定要生男孩传宗接代的传统。再加上从开垦时代起，男女就必须平等地劳动、生活，所以女性依附男性的观点并不普遍，这也是导致离婚率偏高的原因。

北海道是日本主要的大豆产区，大豆品种优良

雪季生活篇

把公路当作溜冰场

每到冬季，北海道的用路人就会小心地控制车速，以避免打滑为前提跟前车保持足够的距离。在这个危险的“溜冰场”上，还能秀出华丽的“打滑绝技”的驾驶员，就是出租车司机了。假设你站在对面马路向出租车招手，出租车司机就会马上刹车，再顺势来个完美的“U”形回转停到你的面前。真是太帅了！

冬季室温日本第一高？！

北海道拥有日本-41℃最低温的纪录。但另一方面，北海道的冬季室温非常高，平均达20.73℃（冲绳为20.64℃，排名第二）。而在东京，你经常会听到“屋里太冷所以感冒了”之类的话。

从初雪飘降的11月到第二年4月，北海道人都在被迫与雪奋战。大部分人会在家里安装环保的FF式暖气或性能优异的空调，让屋里的每个角落都变得暖和起来。有些地区如果不开暖气，水管就会被冻裂，所以也有家庭是一整天都开着暖气的。“暖气费绝对不能省（不想省）”，这才是北海道人的本色。话虽如此，每到冬季光是灯油费，每个月就得花上数万日元，真的都快因为暖气费倾家荡产了。在家计吃紧的情况下，唯一能依赖的就是公司给的暖气津贴（寒带津贴）了。

提到温度不会说“零下”

北海道人觉得零下二三摄氏度的气温根本不算寒冷。据说只要低于-28℃，人的肺泡就会结冻，无法正常呼吸，因此北海道人得赌上性命度过冬天，也必须每天收看气象预报，如果不小心醉倒在路边，肯定会被冻死。养狗或养其他宠物的人也绝对不会把宠物放养在户外，就算是哈士奇，也有可能被冻死。北海道的冬季气温在零摄氏度以下是常态，因此在提到气温时，人们不会刻意加上“零下”两个字，而当气温上升到正值时，就能听到北海道居民的对话：“今天还真是暖和啊！”

登上天狗山看小樽市景

札幌冰雪节

札幌街头　砂绘摄

绝不撑伞

只有面对冬季的初雪及初春水分较多的湿雪时，北海道人才会撑伞。而面对气温降至零摄氏度以下的雪，不撑伞才是主流。

北海道的雪，即使落到身上也能轻易拍打干净，所以并不会浸湿衣服。这正是道民自傲的粉雪。

不撑伞的理由还有一个，那就是一旦吹起大雪，大雪会从头到脚席卷而来，撑伞根本毫无意义。

你是ski派还是skate派？

遇到一个北海道人，你很容易这么说：“你肯定擅长滑双板或单板之类的吧。”

不过，北海道各地气候不同，积雪量也大相径庭。即使是土生土长的当地人，也有可能告诉你“我从小到大都没滑过雪”。所以不要乱说话，容易尴尬。

冬天，学校里教授的课程也不一样。总的来说，在多雪的道北、道央地区，学校多教授滑雪。在少雪的道东、胆振地区，则多开设溜冰课。有些地方则盛行冰壶、冰球等特色运动。

去冰雪祭是找罪受

“观光客太多了，就算会场附近都很挤。”

“天这么冷，出去看雪什么的，这是找罪受吧！”

这是许多“饱受摧残”的北海道人的心声。尽管如此，作为北海道魅力的代表，札幌冰雪节依然吸引了超过2000万名国内外游客。这个源于札幌市中学生创作的六个巨大的雪雕作品的冰雪节，现已成为国际雪雕竞技大会。

在札幌冰雪节结束后的第二天，挖掘机会将会场里所有的雪雕作品铲除。这个场面很有冲击力，会吸引许多人前来。有些人为了假装自己特别会玩，会选择不去正式的冰雪节而只参加这一天的“解体冰雪节”，真是搞不懂。

《北海道规则》（2011 版）

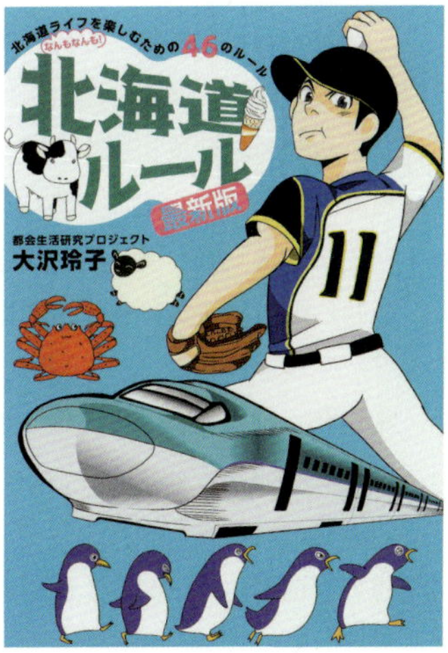

《北海道规则（最新版）》（2016 版）

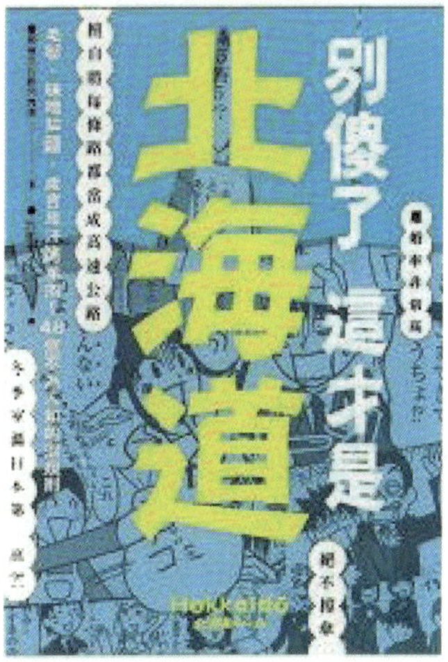

《别傻了这才是北海道》

都会生活研究专案

本文选编自都会生活研究专案著作《北海道规则》（旧中经出版、现 KADOKAWA 出版，繁体中文版为《别傻了这才是北海道》）及《北海道规则（最新版）》（KADOKAWA 出版），并由大泽玲子提供信息。部分数据由编辑进行了更新。

《北海道规则》从衣食住行、街道、娱乐等角度研究北海道的地域性及民众的生活习惯。都会生活研究专案北海道组成员包括从开垦时期就住在北海道的道产子，以及因工作调动到北海道并在此成家的新北海道人，还有因旅行而爱上北海道文化、梦想着有天一定要定居在北海道的狂热者。

大泽玲子是资深杂志、出版社编辑及专栏作家，现居东京，她主导的都会生活研究专案专注于出版“当地规则”系列书籍，已有东京、大阪、名古屋、博多等地的系列，在日本累计销售超过 30 万册。

[03]

道东很美，非诚勿扰

撰文 ◎ **郭睿**

曾为电影《非诚勿扰》勘景的盐博文如今是钏路的一名自然向导，在他眼中，道东极富魅力。

盐博文

冬夜能在
摩周湖观星

白天能看到
满山雾凇

一见面，盐博文的自我介绍就给我留下了深刻的印象："我的姓在日本人里很少见，我姓盐，和中国盐城的盐是一个字。盐城是丹顶鹤在中国的家，钏路则是丹顶鹤在日本的家，这也是一种缘分。"盐博文生于1954年，是土生土长的钏路人，2014年以前，他一直在市政府的旅游和产业发展等部门任职。他在阿寒湖地区工作生活了五年，不仅了解当地的风景和美食，还结交了很多阿伊努族朋友，帮助他们推广阿伊努民族工艺品，发出自己的声音。

在这期间，电影《非诚勿扰》剧组来到阿寒湖取景，这一事件也改变了北海道的旅游业。盐博文与同事担任了部分勘景与接待工作，帮助电影完好展现了道东的美丽景色和迷人风情，北海道也由此成为中国游客的热门目的地。凭借对阿寒湖的了解，盐博文向片方推荐了炉端烧餐厅"滨子"，也就是片中的"四姐妹"居酒屋，当时用作道具的"四姐妹"招牌现在依然挂在墙上。还有片中一行人去拜佛却偶遇黑社会办丧事的寺庙、秦奋在斜里忏悔到神父忍无可忍的小教堂，这些令影迷津津乐道的场景，都出自盐博文的推荐。

2015年，盐博文辞去稳定的工作，与妻子盐幸子共同创办了旅游向导公司KUSURI凸凹旅行舍，向各位游客介绍道东的山川湖海与一草一木。自然向导以钏路为大本营，钏路、阿寒湖和根室地区的观鸟、林中徒步、自然观察与物种辨识等，都是他擅长的领域。他还兼任人文旅行向导，向游客介绍阿寒湖的历史与文化。他的著作《行旅阿寒》(旅する阿寒)介绍了阿寒湖从自然到人文的方方面面。

65岁的盐博文，爬山钻林子都如履平地，进行徒步、登山、划独木船等户外项目时，体力并不输给年轻人。如果遇到了当地独特的动植物，他便会停下来为客人讲解。阿寒湖地区的花草树木、鸟兽鱼虫，每一个观鸟点、观景点，他都了如指掌。据盐博文介绍，道东有不同的自然景观，大海、河流、湿地、草甸、湖泊、火山，国立公园密布，更有五处被列入国际湿地公约名录的重要湿地，是一座大自然的宝库。"当然了，宝库孕育出了山海的美食，这对于游客来说也是极大的魅力。"

秋天的知床半岛，鲑鱼逆流而上，洄游到出生地产卵　郭睿摄

日本最大的湿原钏路湿原

北海道最美味的食物，是空气！

J MOOK： 作为专业向导，您建议游客在道东怎么游玩？

盐博文： 北侧的阿寒、知床、网走和南侧的十胜、钏路、根室，自然特征不同，活动体验也有所区别：一般游客可以选择难度较低的登山，甚至活火山；森林徒步是钏路湿地和阿寒湖周边的保留节目；而在湿地边缘与河流中畅划阿伊努风格的独木舟则是非常新奇的体验；在十胜的牧场与网走的海滨还能骑马；公路骑行更不用说，玩法多样。但我最喜欢的还是林中徒步，比起普通的活动，它们更能让你接近大自然最真实的一面。

J MOOK： 林中徒步是怎样的体验？

盐博文： 通过林中徒步，你可以在不同季节看到不同的动植物。就拿观鸟来说，这里不仅有丹顶鹤，而且一年四季都可以看到不同的林鸟，夏天有在中国快被吃绝的禾花雀（黄胸鹀），冬天则有机会看到长尾林鸮甚至更稀有的毛腿渔鸮。冬夜能在摩周湖观星，白天能看到满山雾凇……

J MOOK： 自然向导与普通导游有什么区别？

盐博文： 前者的宗旨是在保证安全的前提下接触自然并守护自然。根据“北海道户外向导资格认证制度”，自然向导在为游客传递自然知识的同时，还要进行安全教育并正确引导游客，以免发生破坏自然环境的行为。

北海道原生玫瑰　许阳摄

Q&A

J MOOK：您作为自然向导的特点是什么？

盐博文：日本有一个“旬”字很能概括我的特点，就是当季、时节的意思，介绍当下最有代表性的看点，这个月才能见到的鸟、这个月才盛开的野花，将此时此刻最有魅力的看点传达给游客，而不是背书一般地照本宣科，这样才能抓住游客的兴趣点。

J MOOK：遇到过棕熊吗？

盐博文：我曾在野外多次见到棕熊，但我不会鼓励游客主动与棕熊相遇，而是会佩戴熊铃，让棕熊在听到铃声后离开。

如果想看熊，我推荐去知床半岛乘船出海，用望远镜观察岸边的棕熊，这种方式才是最安全的。

J MOOK：最喜欢或印象最深的北海道风景是什么？

盐博文：道东的海上流冰。在我很小的时候，暖冬很少，我还记得那时我看到知床岸边的流冰层层累积，如同小山一般高耸在我眼前，那时的我懵懂地感受到了大自然的伟大力量。但现在，暖冬越来越多，这样的风景已经消失了。

J MOOK：您觉得北海道最美味的食物是什么呢？

盐博文：如果非要选一个北海道第一的话，那我选“空气”！

[04]

道民画像

撰文 ◎ **郭睿**　　摄影 ◎ **许阳**

阿寒湖表演木库利口弦琴的阿伊努民族艺术家

罗臼昆布渔民

罗臼餐厅店主

道産子

"道产子"也是北海道的美丽风景
他们总是对你热情敞开胸怀
带着北国的人间烟火气
虽然冬天冰雪皑皑
火山与温泉依然热气蒸腾
道民心中也温暖如夏
仿佛是日本的热带
移民带来开拓精神
原住民守住古老信仰
无论你从哪里来，无论你何时来
雪花、夏花，北海道始终为你盛开

罗臼渔民

知床观鲸船船长

富良野烤土豆的老奶奶

>> 骆仪

中山大学现代文学、伦敦大学金匠学院纪录片双硕士，资深媒体人，KLOOK旅行体验师，Lonely Planet作者，《中国国家地理》等媒体撰稿人。曾自助旅行四十多个国家，热爱潜水、滑雪。现旅居京都，出版日本人文旅行杂志书J MOOK，主编的《京都漫步》《京都好物》皆曾位列京东、亚马逊、当当旅游类图书畅销榜第一名。

本期主编、撰文《丹顶鹤在此栖息、跳舞，不再迁徙》《与流冰邂逅的日子，只剩三十年》等。

>> 蜜多理

记者、翻译、自由撰稿人，曾在京都与东京留学，任职日系杂志编辑，希望写一部以京都为背景的小说。

本期撰文《光影中的北海道》《晚来天欲雪，泡个温泉吧？》等。

>> 陈思吟

毕业于日本法政大学，曾供职《好奇心日报》，负责“日本语”专栏。现居上海，从事公关工作。

本期撰文《数说北海道》《吉祥物并不都是卡哇伊的》等。

>> 叶酱

曾旅居日本，现为自由撰稿人、日语译者，也是米其林指南专栏作者、黑珍珠餐厅指南评委，已出版美食散文集《命运早晚会让我们相遇的》。

本期撰文《北海道米其林，很亲民》。

>> 郭睿

北海道大学国际传播学硕士，《中国国家地理》作者，穷游锦囊《北海道》系列作者，译作《怪谈》已出版。曾在北海道札幌学习及生活八年，2017年获北海道政府上海交流室（办事处）颁发的“北海道顾问”荣誉称号。

本期撰文《晴好秋日，游走诸神的花园》。

>> 日苏

曾留学东京，进修于日本文化服装学院，同期担任日本艺术家丸山纯子与设计师矢内原充志的助理工作。现居成都，个人品牌“meichin”时装设计师，自由撰稿人。

本期撰文《旭山动物园：认识自然的玄关》。

>> 桃酥

杂志编辑，自由记者、撰稿人，与《生活艺术家》《LOHAS乐活》等多家媒体合作。

本期撰文《旭山动物园：认识自然的玄关》。

>> 司北

童心未泯的理学博士，在东京生活已逾十年。曾从事大气、海洋、陆地、古环境方面的研究，目前正在地球科学与行星科学共同营造的学术深渊中努力攀登。闲暇时喜爱旅行与摄影，偶尔供稿。

本期撰文《富良野之夏，色彩之旅》。

>> 王蕾

现居东京，自由媒体人，平面设计师，自由撰稿人。穷游锦囊《东京》《东京周边》等6本日本系列作者，携程签约摄影师，日本旅游局2020年奥运项目官方撰稿人。

本期撰文《大呀大肚腩，舞呀舞起来》。

>> 比利白
穷游网总版主，独立摄影师，Vlogger，旅行足迹遍布全球五十多个国家，滑雪与旅行内容撰稿人。Freeride World Tour 世界野雪巡回赛推广大使，曾到访并评测全球 17 个国家超过 200 家滑雪场。2019 年冬完成全球连续滑雪 100 天计划，新的目标是 2020 年实现在七大洲滑雪。
本期撰文《滑遍北海道》。

>> 万金智
毕业于京都大学，现居上海。曾担任财新网“世界说”栏目驻京都专员、《京都好物》采访翻译。
本期撰文《北海道漫步路线》《北海道动植物地图》等。

>> dato
台湾旅行生活创作团体“男子休日委员会”成员，同时担任 KKBOX、OKAPI 与《秋刀鱼》双月刊东洋乐评作者。与设计师黄奕凯及编辑统筹 Azona 共同出版《左京都男子休日》《北海道央男子休日》，曾为《京都漫步》供稿。
本期撰文《那些属于北海道的旋律》。

>> 许阳
职业摄影师，专注于北方的地理与生态团队“走遍东北亚”的创始人，北海道札幌市官方奖励旅游推广师（札幌 MICE Meister），《中国国家地理》《博物》杂志特约摄影师。
本期特约摄影师。

>> Olive Lai
设计师，现居英国伦敦，服务客户包括英国奥林匹克协会、英格兰足球超级联赛、2020 年迪拜世博会等。
本期特约插画师。

>> Nath
插画师，曾为中国石油、大龙凤餐饮、摩打食堂等企业及《南方人物周刊》《家庭》等媒体提供插画设计，曾为《京都漫步》绘制别册地图。
本期特约插画师。

>> 淑明
插画师，与多家出版社、媒体合作插画设计，曾为《京都漫步》绘制插画。
本期特约插画师。

>> 彭振
插画师，合作客户有《南方人物周刊》等。
本期特约插画师。

感谢韩哲、张璇、百合、任琰、王明远、郝佳、小城等对本书制作提供的帮助。

J MOOK

出 品 人：骆　仪
主　　编：骆　仪
内容编辑：梁　琳
编辑助理：万金智
图片提供：shutterstock

※　J MOOK
专注日本旅行和生活方式的系列杂志书。“J”既是日本，又是“Journey”和“Joy”，代表行乐途中的态度。